查理·芒格的原则
关于投资与人生的智慧箴言

[美] 特兰·格里芬 著
黄延峰 译

CHARLIE MUNGER
The Complete Investor

中信出版集团·北京

图书在版编目（CIP）数据

查理·芒格的原则/（美）特兰·格里芬著；黄延峰译. -- 北京：中信出版社，2017.12 (2021.3重印)

书名原文：Charlie Munger: The Complete Investor

ISBN 978-7-5086-8323-2

Ⅰ. ①查… Ⅱ. ①特…②黄… Ⅲ. ①投资理论 Ⅳ. ①F830.59

中国版本图书馆CIP数据核字（2017）第275000号

Charlie Munger: The Complete Investor by Tren Griffin
Copyright © 2015 by Columbia University Press
Chinese Simplified translation copyright © 2017
By CITIC Press Corporation
Published by arrangement with Columbia University Press
Through Bardon-Chinese Media Agency
博达著作权代理有限公司
ALL RIGHTS RESERVED
本书仅限中国大陆地区发行销售

查理·芒格的原则

著　者：[美]特兰·格里芬
译　者：黄延峰
出版发行：中信出版集团股份有限公司
　　　　　（北京市朝阳区惠新东街甲4号富盛大厦2座　邮编　100029）
承　印　者：北京诚信伟业印刷有限公司

开　本：880mm×1230mm　1/32　　印　张：10　　字　数：150千字
版　次：2017年12月第1版　　印　次：2021年3月第13次印刷
京权图字：01-2015-7451
书　号：ISBN 978-7-5086-8323-2
定　价：52.00元

版权所有·侵权必究
如有印刷、装订问题，本公司负责调换。
服务热线：400-600-8099
投稿邮箱：author@citicpub.com

目 录

序 言
/ Ⅲ /

原则一　让问题简单化
我们非常热爱使问题简单化。
/ 001 /

原则二　告别从众的愚蠢
从众仅能取得平均业绩。
/ 023 /

原则三　领悟常识的价值
在进行专业学习之前,你需要接受通识教育。
/ 055 /

原则四　走出直观判断的误区
当用粗略的直观判断法来处理概率时,常常会被它误导。
/ 075 /

原则五　眼光放长远

我们的体系从长远看表现更好。

/ 135 /

原则六　抓住变化的本质

做几笔极好的投资，然后静观其变。

/ 173 /

原则七　珍视声誉和诚信

请记住，声誉和诚信是你最宝贵的资产，然而它们可能瞬间消失。

/ 215 /

伯克希尔·哈撒韦的计算方法

/ 237 /

护城河的五大基本要素

/ 243 /

价值投资与因子投资

/ 281 /

词汇表

/ 291 /

序 言

查理·芒格是世界上最成功和最受瞩目的投资者之一。众所周知，他是沃伦·巴菲特在伯克希尔·哈撒韦公司（简称伯克希尔）坦率敢言的合作伙伴，伯克希尔是一家无比成功的公司。"查理加我，1加1确实大于2。"巴菲特以此对芒格做出的贡献表示感谢。作为投资者，芒格在伯克希尔之外也有投资，其取得的成功也给人留下了深刻的印象。芒格最令人感兴趣的地方并非他在投资上取得的成功，而是他思考和控制自己情绪的方法。

芒格一直追求独立思考，并总能用言简意赅的几句话切中问题的要害，这也使他成为业界传奇。关于投资，有一条重要的真理，那就是人们很少独立做决定。这意味着，能够拥有以下特质的人具有做投资者的优势：独立思考，能控制自己的情绪，能消除心理误差。巴菲特曾经用下面这个故事说明芒格对独立思考的不懈追求：

> 1985年，一家大型投资银行有意出售斯科特·费茨公司（Scott Fetzer），尽管广散英雄帖，却无人问津。在阅读了有关它未能售出的报道之后，我给斯科特·费茨公司当时和现在的首席执行官拉尔夫·舒伊（Ralph Schey）写了一封信，表示有兴趣收购这家企业。我之前从没见过拉尔夫，但不到一周的时间，我们就达成了交易。遗憾的是，尽管投资银行与能否找到买主没有任何关系，但根据委托书，一旦企业出售，斯科特·费茨公司就要付给投行250万美元的佣金。我猜测，一定是负责此项交易的投行经理感觉他应该为收到这笔酬金做点儿什么，因此，他礼貌地表示要送我们一本介绍斯科特·费茨公司的书，这是他所在的公司早就编写好的。查理以其一贯的机智回应道：我给你250万美元，"不"要读它。
>
> ——沃伦·巴菲特，致股东的信，1999年

序言

　　促使我写这本书的很大一部分原因就在于此类故事和媒体对芒格在各种环境下所发表言论的生动报道。可以说，芒格能引起人们如此之大的兴趣，与他的无拘无束有着不小的关系。他想到什么就会说什么，很少顾及社会风俗，也不考虑应否圆滑。这种坦率难能可贵，因为有时我们需要听到有人说出"皇帝没穿衣服"这种话。作为一个选股者，他有着出色的业绩记录，同时积累了大量的财富，但芒格说过：在生活中，一般不要效仿他。他认为自己的生活太过致力于提升自己的心智，如果有人盲目地以他为榜样，他的独特个性（包括但不限于"傲慢无礼"）会让他们不受欢迎。

　　芒格承认自己就像一根"避雷针"，会在某些问题上招致批评。芒格曾经说过，"我会作为一头聪明的蠢驴而被人铭记"，而他的投资合伙人沃伦·巴菲特留给人的印象则是"导师"。有时人们告诉我说他们不理解查理·芒格的大惊小怪。遗憾的是，他们未能领会关键的一点：就像没有人可以成为第二个沃伦·巴菲特一样，也不会有人成为第二个查理·芒格。我们不必像对待英雄那样对待任何人，而是要考虑芒格是否像他的偶像本杰明·富兰克林那样拥有我们想要效仿的素质、特质、投资体系或生活方式,即使只有部分值得借鉴。同样的方法也可以解释芒格为什么会阅读数百部人物传记。从他人的成败中吸取经验教训是最快的学习方式之一,可以让自己变得更加聪明,却不必忍受很大的痛苦。

尽管出言不逊,芒格却用其让人无法效仿的方式变成了一位导师。他曾说过:

一个人所能做的最好的事情就是帮助另一个人知道更多。

——查理·芒格,伯克希尔·哈撒韦公司年会,2010年

"我会观察什么有效和什么没效,并分析其原因。"这句话看似简单,却道出了很多芒格让人产生兴趣的原因。生活对待芒格就像对待其他人一样,不同的是,他会深入思考为什么有些事情会发生,并想方设法依据经验认清本质。

跟沃伦·巴菲特一样,芒格出生于内布拉斯加州的奥马哈市,并在那里长大。他在密歇根大学研读数学,并打算在那里读完大学,获得学位,但这条路因第二次世界大战的爆发而被打断。战争期间,他担任美军的气象学家,并在加州

序　言

理工学院接受训练。战争结束后，虽然没有本科学历，但他仍然在哈佛大学法学院谋得了一个学习的机会。在加州理工学院受训期间，他喜欢上了加利福尼亚州，从法学院毕业之后，他便与几位合伙人组建了一家律师事务所，后来，这家律师事务所成为全美最有声望的律师事务所之一。尽管法律方面的事业取得了成功，但在沃伦·巴菲特的劝说下，芒格还是很快就离开了律师行业，全职从事投资。事实上，他直到搬到加利福尼亚州的帕萨迪纳居住后才与巴菲特相识。1962—1975 年，芒格为一些投资者管理一家合伙企业，年投资回报率接近 20%，而同时期道琼斯工业平均指数的回报率还不到 5%。芒格不收藏法拉利跑车，也没购买过豪宅。尽管是一位亿万富翁，但在思想或投资之外的很多生活领域，芒格就是一位普通人。

　　虽然芒格多次发表演讲，写过很多文章，并在韦斯科金融公司（Wesco Financial）和伯克希尔·哈撒韦公司的年会上款待过无数的股东，但他却从来没有用一个所谓"统一的理论"来表达过自己的观点。这可能是因为芒格堪称"特技"的心智，对于普通人来说，着实难以理解吧。就普通人而言，在头脑中同时处理他说的"多个模型"，而没有一个能理解其观念的框架，的确不是一件容易做到的事情。本书的目的就是教你如何像查理·芒格一样思考。

我是怎样走上对芒格思想的研究之路的呢？萌生写这本书的念头可以追溯到互联网泡沫即将破裂的那段日子。许多关于投资的假设在那一时期受到了质疑。对于任何一个关注这个领域的人来说，互联网泡沫时期创造的财富都是虚幻的。马克·安德森在推特网上说过一番话，很好地表达了这种想法，他说：在这次泡沫中，"人们情不自禁地感到了恐慌，因为他们正在错失机会"。似乎大众犯了群体性的精神癫狂，但多数人心中都打着自己的算盘："要是真的将会怎样？要是再次升值两倍或三倍又该如何？"对于我这样的人来说，赶上了一个疯狂的时期，不知道市场正在发生什么，急于寻求答案，目光自然就转向了成功且经验丰富的投资者，想要琢磨他们的见解。

1999年夏，为了妥善应对市场上正在发生的事，我租了一艘船，雇了一位船长，请他把我们全家送到华盛顿州的圣胡安岛。那次旅行，我带上了巴菲特曾经写的和别人写巴菲特的所有资料。当我坐在那艘船的甲板上读巴菲特的投资方法时，我发现最能与我产生共鸣的竟然是芒格的理念。那时候，我最希望得到答案的具体问题是：我手中那些价格很高的互联网和电信企业的股票，我应该卖掉多少？当我在甲板上阅读，来回踱步，陷入深思时，我的家人在船上和岛上玩得很开心。一周下来，我什么事也没干，只是专心阅读和思考，因此，我并没有享受到太多旅行的乐趣。然而，在那次旅行渐近尾声时，我已得出结论：应该卖掉刚好一半的互联网和电信股票。如此一来，不管发生什么事，都会让我的遗憾降到最小，对此我十分确定。考虑到随后发生的股市崩盘，它算不上最优决策，但当时我对自己的决定很满意，直到今天依然如此。那次旅行是我深入探究价值投资的起点。

如果普通投资者想要获得超过市场指数的回报，那么，由本杰明·格雷厄姆开发、芒格践行的价值投资体系就是最佳方法。但格雷厄姆的价值投资是一个体系，投资者若照方抓药，仅仅通过遵循一套严格的规则，是不可能找到成功之路的。对于格雷厄姆的价值投资体系、伯克希尔体系或其他价值投资者的体系而言，应用它们是一门艺术，而非科学。

价值投资不是一个连点成线的练习。充分理解格雷厄姆的价值投资体系并不涉及错综复杂的学问,但大多数人并不具备跑赢大盘所需的情绪和心理控制力,甚至不想做必要的功课。这就是沃伦·巴菲特喜欢说"投资简单,但不容易"的道理所在。而把巴菲特说的话换成芒格的说法,就是"接受一个简单的理念,并且认真对待它"。

本书的大部分内容是关于我是如何学会更好地辨识情绪和心理失误的根源,以及我从芒格那里学到的如何避免它们的心得体会。在一封电子邮件中,《华尔街日报》专栏作家贾森·茨威格(Jason Zweig)向我描述了投资过程中的根本挑战之一:

如果认为成为他那样的人,并且像他那样思考很容易做到的话,那这个世界上就会有不止一个查理·芒格了。把自己变成一个拥有多样心智模式(mental models)的学习机器……是一件非常艰难的事情,如果不具备相应的特质,即使是成功做到的少数人也可能仍旧无法从中受益。这就是巴菲特和芒格为什么会不断地想起格雷厄姆的观点的原

序言

因——做一个真正的逆向投资者需要极大的勇气和内心的波澜不惊。巴菲特不断地谈论格雷厄姆提供的"情绪框架";查理常说,无论多么聪明,大多数投资者还是不会成功,因为他们的"性情不对"。我喜欢用古希腊哲学中"ataraxia"这个词来形容它,意思是"心灵的宁静",或者说"心平气和"。当苏格拉底接受审判时,当内森·黑尔被吊死时,当巴菲特投资高盛时,当2009年3月查理在最后期限的前一天购买富国银行(Wells Fargo)时,你都能看到它。

——贾森·茨威格,给作者的邮件,2014年10月

为了帮助自己更好地理解芒格的投资理念和方法,我创建了一个由三个元素组成的框架:原则、正确的素质和可变因素。这个"三元素框架"只是用于理解芒格投资理念和方法的模型之一,其他理解芒格的方法照样有用。我创建这一框架还有其他的打算,那就是确立一个投资时可用的核查清单。为应对生活中的挑战,芒格也大力提倡核查清单的方法:

通过使用核查清单来解决难题,我对这一方法笃信无

疑。你需要了解摆在你面前的所有可能和不可能的答案，否则很容易错过一些重要的事情。

——查理·芒格，韦斯科金融公司年会，2007年

创建核查清单的部分好处在于它有一个写下自己想法的过程。巴菲特曾经强调过设法把自己的想法写下来的重要性，我一直喜欢他的这一解释。在巴菲特看来，如果你不能写下来，说明你还没有想好。

为了尽最大可能兑现这本书的承诺，从格雷厄姆价值投资的基本原理开始讨论非常必要，因为这有助于将本书的发展脉络概述清楚。本杰明·格雷厄姆创建的价值投资四项基本原则如下所述：

1. 将股票看成相应比例的企业所有权。
2. 在价格大幅低于价值时买进，以创建安全边际。
3. 让两极化的"市场先生"成为你的仆人，而非你的主人。
4. 保持理性、客观和冷静。

序 言

芒格称格雷厄姆的这四项基本原则"永远不会过时"。不遵循这些原则的投资者就不是格雷厄姆价值投资者。格雷厄姆的价值投资体系就是这么简单。

芒格还认为,某些个人品质的认知和培养是成为格雷厄姆价值投资者的必要条件。在我的框架中,这些品质属于"正确的素质"的那部分内容。芒格认为,能够培养这些特质的投资者就可以自我调适,避免常见的心理和情绪失误,从而成为成功的投资者。从来没有人近乎完美,但我们可以随着时间的推移变得更好。芒格认为,如果我们不能持续不断地改善这些特质,我们就会重犯过去的错误,重复愚蠢的行为。

本书将在最后一部分讨论格雷厄姆价值投资者在确立自己独特投资风格和方法时的选择。换句话说,尽管格雷厄姆的价值投资体系是建立在以上四项基本价值投资原则的基础上,但并非一成不变。在投资体系的运用方面,没有两个格雷厄姆价值投资者是完全一样的。仅举一例说明,巴菲特曾指出,虽然他和芒格"实际上就像连体双胞胎",但在投资方法上,他们俩还是有所不同。

与投资有关的教与学的机会基本上是无限的。芒格常说，一个成功的投资者从不仅仅满足于做一个"学习的机器"。这种关于学习和再学习的必要性表明，投资者应当不断地阅读和思考。芒格说，成功的投资者无不是热爱阅读的人。他自己的孩子形容他是"一本长了两条腿的书"。阅读和学习需要切实下功夫。有一句禅语可用来说明这一点："当谈及与价值投资有关的事时，很多人更喜欢咀嚼菜单，而不是真的吃菜。"我学习这些不只是因为投资需要，更是因为喜欢投资，因为它能让我获得一种需要积极思维才能做得好的满足感。你可以学着至少享受这一过程，甚至还有可能爱上学习。

在结束序言之前，我应该就本书做几点说明。它的形式很简单。引用的芒格语录按照逻辑顺序排列，接下来通常是我对它的解释。除非另有说明，引用的都是芒格说过的话。书后还附有一个词汇表，因此，如果读到一个不熟悉的词（例如，净现值），你很方便就能查到它的定义。

让人们学习芒格如何思考的最好方法是在一定深度上观察他的主要职业活动。本书重点关注的是芒格作为一位投资者是如何思考的。芒格认为，作为成功的投资者，应该做出"训练有素的反应"。他认为，如果能学会克制自己，避免做出导致低级决策的行为，你就可以获得比其他投资者更大的优势。本书围绕芒格如何投资展开，但讨论的内容同样适用于其他生活方面的决策。通过了解支撑芒格理念和方法的理论框架，你将能够更好地理解他个人每一个公开声明的内涵。例如，通过学习他称之为"普世智慧"和人类误判心理学的知识，你可以更好地做出决策。学习芒格的理念和方法会彻底改变你对投资和人生的想法。你会做出更好的决策，更加快乐，过更充实的生活。

原则一

让问题简单化

我们非常热爱使问题简单化。

▷ 查理·芒格

让我们从最基本的问题开始探讨：什么是价值投资体系，以及谁可以因它而受益？查理·芒格说，（本杰明·格雷厄姆）尝试发明一个任何人都能用的体系。

　　格雷厄姆的体系关键在于它很简单。太多的人会设定一种情景，并把事情复杂化，其实根本没有必要。比如，美国国家航空航天局（NASA）有个老笑话，可以说明这种复杂性的多此一举。这个故事是这样的：在太空计划的初期，美国国家航空航天局发现圆珠笔在零重力下无法书写。这些科学家花了10年的时间和大量的金钱，开发出一种笔，不仅在零重力下可以书写，而且几乎在任何表面、在极低的温度下，宇航员以任何姿势，都能写得出来。可笑之处在于：俄罗斯人只用铅笔就做到了这一点。格雷厄姆的价值投资就具有铅笔本身固有的那种简单性。

芒格认为，本杰明·格雷厄姆在开发其价值投资体系时，设定得相对简单，易于理解和执行，因此对普通人来说非常有利用价值。格雷厄姆的价值投资不是主动投资或投机的必由之路。例如，风险投资和私募股权就是与价值投资迥异的投资方法，但芒格认为，与格雷厄姆的价值投资不同的是，这些替代性的主动投资体系是普通投资者望尘莫及的。所谓基于指数的投资法（或被动投资法）将在稍后加以讨论。

沃伦·巴菲特表示：投资简单，但不容易。信奉格雷厄姆价值投资的投资者犯错的原因，通常是他们所犯的失误是人类在所难免的，比如，忘了格雷厄姆价值投资体系固有的简单性，偏离了体系的基本原则，在心理上或情绪上犯了与体系实施有关的错误。

因为投资是一种概率性的活动，用很合理的方式做出的决定有时结果反而很糟糕。即使有时决策者制订了完善的计划，并顺利实施，还是会产生不利的结果。然而，从长远看，把重点放在遵循正确的流程，而非任何具体的中间结果，总归是明智的。芒格认为，在创建一个成功的投资流程方面，复杂性可不是投资者的朋友。

彼得·贝弗林（Peter Bevelin）的《探寻智慧：从达尔文到芒格》(Seeking Wisdom: From Darwin to Munger)一书中专门有一节讲述简单的重要性。贝弗林建议：“将复杂的问题简单化。把一个问题拆成一个一个的构件，但要从整体上看问题。”在公开讲话中，芒格总是说要将事情尽可能地简单化，但也不能过于简约，这是他一个永恒的演讲主题。在给股东的一封联名信中，芒格和巴菲特曾经写道：“通过让我们更好地理解正在做的事情，简单化是一种可以让我们提升业绩的方法。”

芒格认为，在决策和投资的过程中专注寻找易者，避免难者，并且努力去除一切旁枝末节，有利于投资者做出更好的决策。芒格说：通过"不理会愚蠢的念头"和剔除不重要的事情，"你的大脑不再被它们阻塞……你就能更好地选出为数不多的几件明智的事情"。专注既能使问题简单化，又能厘清思路，在芒格看来，这会带来更为实在的投资回报。

如果某事太难，我们就换别的事情做。还有什么比这更简单的呢？

——查理·芒格，伯克希尔·哈撒韦公司年会，2006年

我们有三个篮子，分别是："进入""退出"和"太难"……我们必须对潜在的投资有特别的洞察力，否则，我们就会把它放进"太难"的篮子里。

——查理·芒格，韦斯科金融公司年会，2002年

格雷厄姆的价值投资体系旨在避免投资过程中任何可能导致投资者犯错的决定。相比其他两个篮子，"进入"这个篮子很小，因为"进入"的投资决策很少发生。

并非所有公司的价值都能利用格雷厄姆价值投资体系加以准确评估。很显然，遵循格雷厄姆体系的人都十分了解这一事实，因此会转而寻求其他容易做的决定。格雷厄姆价值投资者竟然也不知道如何准确地评估一家公司的价值，这常常令人感到迷惑不解。芒格用一个比喻阐明了这一点：

孔子曰：知之为知之，不知为不知，是知也。亚里士多德和苏格拉底也说过类似的话。它是一种可以被教会或学会的技能吗？也许是，只要结果与你的利害关系足够大。有些人非常擅长认清自己知识的边界，因为他们必须如此。设想某位专业走钢丝的人，他走了20年还活着。除非他确切地知道自己知道什么和不知道什么，否则，他就无法以走钢丝为业而生存20年。他会非常勤奋地练习，因为他知道，一旦失误，就会丧命。幸存者都懂得这个道理。

——**查理·芒格，贾森·茨威格的采访**，2014年

格雷厄姆价值投资并非哗众取宠，或者嘲笑一个人的智商。相反，它讲的是如何做事才不太可能犯错的道理。

成功的格雷厄姆价值投资者也会孜孜以求地减少投资的跌价风险。因此，格雷厄姆价值投资体系往往在股票市场平淡或下跌期间表现得更为抢眼。格雷厄姆的价值投资体系被有意设计成在牛市时表现逊于大盘指数的做法令很多人感到困惑。格雷厄姆价值投资体系在牛市期间逊于大盘是此类投资风格中必不可少的组成部分。通过放弃牛市

中某些利好的机会，格雷厄姆价值投资者得以在股市不景气或下跌时跑赢大盘。不妨考虑一下塞思·卡拉曼（Seth Klarman）在《安全边际》(Margin of Safety)中写的那句话："大多数投资者主要看回报，即他们能赚多少，但很少有人注意风险，也就是他们会失去多少。"他补充道："以规避风险和长期持有为导向的投资，其获得的回报也是长期的，这是肯定的。"

有一个故事可以进一步说明问题。一天，有一位投资者在公园里散步，她看见一只青蛙蹲在池塘边的一块木头上。青蛙直勾勾地望着她说："打扰一下，你该不会刚好是一位投资者吧？"

投资者答道："没错，我是。你为什么要问这个？"

青蛙回答说："嗯，我是做股票投机的。我最重要的客户不喜欢我的投资结果，所以对我施了魔法，我现在就成了一只青蛙。若其他某个投资者吻我一下，咒语就可以解除。"

投资者立即伸出手，抓起青蛙，把它放在自己的手提袋里，然后开始往家走。青蛙想知道它为什么没能得到一个吻,于是问道:"你在搞什么鬼?我何时可以得到一个吻?"

这位投资者回答说:"我永远都不会吻你。一只会说话的青蛙要比一个股票投机者对我更有用。"

为了长期获得高于大盘的投资回报,你就要接受短期内投资业绩逊于大盘,否则,你就不是应用格雷厄姆价值投资体系的合格人选。这并不是什么坏事,因为格雷厄姆价值投资体系并不是获得成功投资的唯一方法。重要的是要注意到,格雷厄姆价值投资者的目标是获得绝对出色的业绩,而不只是追求相对更好一点儿的业绩那么简单。相对业绩是不可能当钱花的,只有真实的业绩才能落入投资者的腰包。

失败不是格雷厄姆价值投资者的目标。芒格的方法意在颠覆大多数人的投资方式:

通过想方设法地坚持不犯傻,而非尽力做出非常聪明的举动,我们获得了极其可观的长期优势。俗话说得好,"淹死的都是会水的",这句话必定很有道理。

——查理·芒格,韦斯科金融公司的年度报告,1989年

> 另一面是什么，会犯什么我看不到的错呢？
>
> ——**查理·芒格**，《福布斯》，1969 年

芒格的投资与人们平常解决问题的方法往往相反，在他看来，仅仅做到少犯傻，就能使投资者获得更好的财务回报。芒格从代数中借用了一个核心理念：很多问题通过逆向思维都能得到最好的解决。例如，在避免犯傻的过程中，人们经常可以借助减法发现自己想要什么。即使存在不可避免的风险、不确定性和无知，但如果绕开生活中可能选择的愚蠢路径，人们就可以找到最好的前进道路。比起知道"何者是正确的"，人们不仅需要知道更多"何者是错误的"知识，也许还要学会通过观察来证明"何者是错误的"。总之，芒格的观点是：不犯傻通常就是最大的聪明。一次，在接受贾森·茨威格的采访时，芒格一言以蔽之："知道什么是你不知道的比聪明更有用。"

芒格总是努力寻找那些明显能带来实际收益的投资机会。由于此类投资只为极少数人所识，芒格提示说：投资者需要非常有耐心，但也要做好充分的准备，在时机成熟时大举投

资。若用棒球做比喻的话,芒格知道投资中哪里有漏掉的好球,因此,无须每球都要挥棒。当你发现明显有利的投资机会,并且还有很大升值空间时,芒格的建议很简单:下重注!

总体上,所有的股权投资者每年必将承受相当于庄家总费用的业绩损失,而这个费用是他们共同选择承受的。这是无法避免的现实。同样不可避免的是,在庄家拿走自己的那一份之后,正好有一半的投资者可以得到中等以下水平的回报,而"中等水平"很可能是在"不令人兴奋"到"非常糟糕"之间的任一水平。

——查理·芒格,《慈善》(*Philanthropy*),1999年4月

芒格认为上述有关投资在扣除费用和开支后是一个负和博弈,这在数学上是无可辩驳的。约翰·博格尔(John Bogle)是非营利组织共同基金——先锋集团(Vanguard)的创始人,在传播这一简单理念的所有人中,他也许是最成功的一个。博格尔写道:"在市场的许多领域,每出现一个赢家就会有一个输家,因此,在通常情况下,投资者得到的回报正是市场少收取的费用。"在这方面,哥伦比亚大学商学院

教授、投资人及作家布鲁斯·格林沃德（Bruce Greenwald）有自己的理解，我发现它很有说服力：

> 只有在忘忧湖①，人们才可以跑赢大盘。所有投资者的平均表现必定是所有资产的平均表现。如果你相对大盘来推断的话，它就是个零和博弈。每笔交易都涉及双方。最好的理解方式，就是每当你要买一只股票，就有人在卖……所以，你不得不经常问这一问题："为什么我是此次交易正确的那一方？"
>
> ——布鲁斯·格林沃德，《改善》（*Betterment*）专访，2013年

如果市场是完全有效的，格雷厄姆的价值投资将不会有用武之地。因此，市场的蠢行才是格雷厄姆价值投资者获利机会的根本来源。

芒格对投资为什么很难的解释十分简单：

---

① 忘忧湖（Lake Woebegone）是加里森·凯勒（Garrison Keillor）的小说《忘忧湖岁月》（*Lake Woebegone Days*）中一个虚构的小镇，最早是其电台节目《草原之家》（*Prairie Home Companion*）的背景地。那里的"女人个个强壮，男人个个英俊，孩子个个不一般"，但他们所有人都有一个特点，那就是高估自己的优点和能力，低估自己的缺点。——译者注

每个人都能从股市中赚得盆满钵满,这种想法简直是疯了。没有人指望玩牌的人个个都能赢。

——查理·芒格,《每日新闻》(Daily Journal)会议,2013年

如果"投资"不是有点儿难,那么每个人都会很富有。

——查理·芒格,《查理·芒格传》(Damn Right),2000年

若有只股票被错误定价,这背后肯定有个大傻瓜。对于世界来说,它可能是件坏事,但对于伯克希尔·哈撒韦公司来说却并非如此。

——查理·芒格,韦斯科金融公司年会,2008年

因为投资者集体表现得像"傻瓜"的程度因时而异,产生投资收益的机会也不可避免地变化无常。成功的格雷厄姆价值投资者会花大部分时间进行阅读和思考,等待着重大的蠢行不可避免地露出马脚。尽管格雷厄姆价值投资者看好长期市场,但他们不会仅基于对股票或市场的短期预测就做出投资决策。说到这一理念,人们常常会问:"你的意思是说,格雷厄姆价值投资者只是等待错误定价的资产出现,而不是预测短期的未来吗?"答案无疑是肯定的!格雷厄姆价值投

资者的工作是能够在看到错误定价的资产时将其辨识出来。这种方法很难让很多人接受。该体系的核心理念是：投资者必须抛弃对未来进行短期预测的渴望。有些人就是做不到这一点。卡拉曼写道：

> 价值法看上去很简单，但显然大多数投资者都难以领会或照做。正如巴菲特经常观察到的那样，价值投资不是一个会随着时间的推移逐渐被学会和应用的概念。要么它被立刻接受或应用，要么永远也无法被真正领会。
>
> ——塞思·卡拉曼，《安全边际》，1991年

本书后文将会解释，当有迹象表明出现了可以购买的定价错误的资产时，正是格雷厄姆价值投资者最好的出手时机，而市场中的人却都表现得忧心忡忡。不无讽刺的是，正是由于市场的低迷，格雷厄姆价值投资者才发现了他们最大的利润来源。

芒格指出了这一点：

多数尝试"投资"的人做得并不好。但问题是，即便有90%的人都表现不佳，也还是会有不少人环顾四周，声称"我是那10%"。

——查理·芒格，韦斯科金融公司年会，2004年

人性的这一面可能会对理财规划师造成困扰。明知客户真正能做到的机会渺茫，却还是告诉他们可能会跑赢大盘，这有危险吗？危险可能不在这件事本身，但它确实会带来巨大的风险。下面这句话虽普通，却是极好的投资建议，在大多数情况下都适用：

投资者不可能始终跑赢大盘。因此，你最好投资低成本指数基金（或交易所交易基金）的多元化投资组合。

虽然这个建议多半正确，但对于像查理·芒格、沃伦·巴菲特、塞思·卡拉曼、霍华德·马克斯（Howard Marks）、比尔·鲁安（Bill Ruane）一类的格雷厄姆价值投资者而言，它似乎又被证明是错的。芒格曾经说过："投资管理业最顶尖的3%或4%会做得很好。"芒格能跑赢大盘，并不代表你也能；

不过，它确实也意味着某些人能做到。关于格雷厄姆价值投资体系，芒格说过下面的话：

它是一系列非常简单的理念，我们的理念没有快速传播开来，恰恰是因为它们太简单了。如果他们要讲的仅仅只是这些，那些专业人士就无法证明自己存在的价值了。

——查理·芒格，英国广播公司（BBC）专访，2009年

成功学习格雷厄姆价值投资体系，尤其要重视实践，这就是芒格所谓的"训练有素的反应"。你必须学会克制某些导致低劣决策的行为。芒格认为，如果能成功地做到这一点，你就可以获得超越其他投资者的投资优势。"训练有素的反应"部分在于避免受到杂音的干扰，而这些杂音的制造者是那些不理解投资的人，或是通过不让你了解投资而浑水摸鱼的人。有些人把投资过程设计得过于复杂，从中牟利，或利用投资者的心理和情绪异常来谋生，他们让投资这件事变得非常艰难。芒格讲了一个有关投资经理人动机的故事，很有启发性：

关于我们为什么会在投资管理中陷入这种白痴的境地，我讲个故事，关于一个卖渔具的家伙，我认为它极好地说明了原因。我问他："上帝啊，它们是紫色和绿色的。鱼真的会咬这些鱼饵吗？"他说："先生，我的渔具又不是卖给鱼的。"

——查理·芒格，南加州大学商学院，1994年

对有些人来说，用向你兜售简单的东西的方式来谋生，是非常困难的。但这套简单的东西恰恰就是投资者的最佳方法。幸好，理财规划的职能正在从管理资金的体系中分离出来。仅仅通过帮助投资者控制情绪和心理状态，不让它们发生紊乱，理财规划师就能为客户带来最大的价值。如果这种行为矫正确实有效，理财规划师将采用一系列方法，帮助你不要成为自己最大的敌人。在某些情况下，激烈的竞争已开始促使理财规划和资金管理业务降低收费标准，并提高透明度。这种竞争导致许多理财规划师都把重点放在为客户提供更有价值的服务上，如退休金规划和遗产规划，有些资金管理者的收费也相应做了下调。

对于认为不应想方设法跑赢大盘的人，芒格的建议很简单：

我们为希望做长线投资却又一无所知的投资者开的标准处方就是免佣金的指数基金。

——查理·芒格，《吉普林个人理财》（*Kiplinger*）专访，2005 年

"一无所知"的投资者是些什么人？在芒格看来，答案很简单：一无所知的投资者是不懂投资基本原理的人。塞思·卡拉曼对这些一无所知的投资者有个简单的建议："如果战胜不了市场，那你就是市场。"

巴菲特表示同意："比如，通过定期投资指数基金，一无所知的投资者实际上比大多数专业投资人的业绩还要好。不无矛盾的是，当'傻钱'承认自身的局限时，它就不再傻了。"巴菲特所谈的是一个人应做主动投资者（active investor）还是被动投资者（passive investor）的问题，这是他从本杰明·格雷厄姆那里学到的概念。

被动投资者并非完全被动，因为他们仍然可以选择。例如，被动投资者必须做出资产配置的决定（即决定做哪类投资），并决定这些资产类别应该分别选用哪种类型的指数。

在做这些选择时，投资者仍然会在情绪上和心理上犯错误。

尽管被动投资者也必须做出一些决定，但他们还是会被称为被动投资者，这是因为他们不像主动投资者那样需要做那么多的决定。称这些被动投资者为"指数投资者"或许是更好的解决办法。如果某人投资的是指数基金和交易所交易基金（ETF）的多元化投资组合，那么，他就是指数投资者。如果一个人挑选的是个股和其他证券，那么，这个人就是主动投资者。很多人既做主动投资，也做指数投资。例如，将一些指数基金略加调整，纳入一些可以改善业绩的因子选项。本书的最后一章将讨论指数投资中的此类因子策略。

作为主动投资者，在扣除费用和支出之后还能跑赢大盘，听上去对你似乎是件好事。不过，一个成功的主动投资者既需要投入大量的时间，做大量的工作，还要有正确的情绪特质。如果你不喜欢它，为什么要做呢？威廉·伯恩斯坦（William Bernstein）写道：

成功的投资者……必须对过程感兴趣。它与木工、园艺或养儿育女没有什么不同。如果对资金管理没有兴趣，那么，结果难免不尽如人意。遗憾的是，大多数人喜欢理财的程度就跟他们对牙根管治疗的态度一样。

——威廉·伯恩斯坦，《投资者宣言》
（The Investor's Manifesto），2012 年

不管怎样，投资者仍需做出几个关键性的投资决策，而理解芒格的理念和方法会帮助他们做得更加成功。哥伦比亚大学商学院教授布鲁斯·格林沃德总结的挑战如下："情绪绝对是你的敌人。你希望成为某种突变型生物，在判定相较于市场上的其他选择何为更有吸引力的投资方面，这种生物的判断与其他人的截然不同。"你会成为格林沃德教授所描述的这种突变型生物吗？

阅读本书时，想想你是否像芒格那样具备成功的格雷厄姆价值投资者所需要的素质。你能理解并执行那些原则，对价值投资变量做出必要的选择吗？很可能，你会发现整个投资过程无聊透顶，以至于得不到足够好的收益，从而跑赢大盘。你可能会得出这样的结论：你太容易分心，可能在不该恐慌的时候手足无措，或时常随波逐流，做了收益不佳的投资。如果你不能成为有效的格雷厄姆价值投资者，或不想付

出成为这种人所需的努力，那就去投资低成本的指数基金和交易所交易基金的多元化投资组合吧。

有些投资者故意做少量的主动投资，以求消遣，这就跟去拉斯维加斯赌博一样。只要能记住赌博就是赌博，这也算是合理的。重要的是，你要认识到赌博和投资之间的区别。推迟当下的消费，并期待将来能消费更多，投资正是这样的一种活动。即使不能达成所愿（尤其是在短期内），投资者也还是期望实际回报率为正值。换句话说，投资是追求正净现值的活动（即用可能的潜在收益净现值减去可能的潜在损失净现值之后，得到的差值为正数）。赌博是一种当下的消费，它的长期净现值为负数。许多人认为他们正在投资，其实只是在赌博。

有些人想方设法地想要跑赢大盘，他们基本上都会这样说："我会聪明地挑选那些能够通过主动投资跑赢大盘的人。"芒格认为，如果有与主动投资有关的某事值得去做，那么，它就值得你亲自去做。针对这一点，芒格说过：

无论多么复杂，有些人认为，只要雇用可靠之人就能办到。我认为，无论多么复杂，你至少会比这些觉得自己无所不能的人犯的错误要少。如果能做到简化处理，那就不必让别人替你思考了。

——**查理·芒格，伯克希尔·哈撒韦公司年会**，1994年

芒格的意思是，将主动投资外包给他人比自己做更难，比如外包给投资经理人和经纪人。自己投资的一种方法是购买多元化的投资组合、指数基金或交易所交易基金。可惜的是，这种方法并不足以获得财务上的成功，因为投资者仍需做出重要的投资选择；他们常常一味地"追求业绩"，当市场在高点时，买入基金或交易所交易基金，市场低迷时再把它们卖掉。如果指数投资者无须做出某些选择，投资者的收益及投资者所购基金的收益之间就不会出现约2%的差距。换句话说，即使你选择进行指数投资，并购买低成本的基金或交易所交易基金的组合，你仍然需要培养训练有素的反应，它能帮助你克服行为偏差，避免犯错。芒格关于投资的教诲在某种程度上也适用于指数投资者。因此，本书所述的理念和方法对于指数投资者同样很重要。

原则二

告别从众的愚蠢

> 从众仅能取得平均业绩。
> ▷ 查理·芒格

首要的想法是把股票看成企业的所有权。

——查理·芒格,《哈佛法律学报》
(*Harvard Law Bulletin*), 2001 年

了解如何成为一名优秀的投资者会让你成为更出色的企业管理者,反之亦然。

——查理·芒格,《吉普林个人理财》, 2005 年

1. 将股票看成相应比例的企业所有权

格雷厄姆价值投资体系的第一项原则是基础,任何价值

评估必定从它开始。简而言之，如果你不了解公司的真实业务，你就不能了解与该企业有关的资产价值，比如股票或债券。格雷厄姆价值投资者对待估价就像他们在私人交易中实际购买一家企业一样。若是收购一家企业，芒格认为应从基础入手，先了解企业的基本面，再了解其他方面。公司卖什么产品，其消费者和竞争对手是谁？代表企业所创造价值的关键数字有哪些？投资者必须回答的重要问题可以列一张长长的清单。对于真正的格雷厄姆价值投资者，自下而上的价值评估流程不容替代。若实施这一流程，格雷厄姆价值投资者就必须关注企业存续期间经营产生现金流量的现值，以及企业产生的资本收益是否是高额、持续和稳定的。这一流程存在许多附加变量，但估价流程的核心基础对于所有格雷厄姆价值投资者都是相同的。

有效的格雷厄姆价值投资者就像出色的侦探。他们不断地寻找自下而上的线索，意在了解过去发生的事，更重要的是弄清现在正在发生什么。像芒格一样，格雷厄姆价值投资者不会基于预测和预报而对现金流未来的变化做出预言。芒格要寻找的是业绩记录值得被注意的企业，因为它们能持续和稳定地产生高额的财务回报。如果估价某个企业还需要理解其在技术快速进步等因素的基础上，现金流在未来将如何变化，那么芒格就会将这类企业归入"太难"那个篮子，并转而评估其他公司的价值。芒格明确地表示，他并没有一种办法可以用来评估所有的公司，但这也无妨，因为他觉得没有这个必要。可以让芒格用自己的估值方法加以评估，并让他感到作为投资者的喜悦的企业已经足够多了。

　　理解这一首要原则的关键就是要明白，芒格认为股票不能脱离具体企业的基本面。对于那些质疑他的方法的人，芒格的回应可以归结为一个问题：如果股票不是一家企业的部分股权，那它到底是什么呢？在格雷厄姆价值投资者的眼中，《华尔街日报》的贾森·茨威格就是一个英雄，他写道："股票不只是股票代码或电子信号。它是真实企业的一种所有权权益，其潜在价值并不取决于它的股价。"对格雷厄姆价值投资者而言，IBM（国际商业机器公司）公司的一只股票就是整个IBM的一个小额股份。芒格认为，如果像估价棒球卡那样对待公司股票，那是输者的玩法，因为它需要你预测的往往是非理性和情绪化的群体行为。格雷厄姆价值投资者把对群体心理的短期预测放入"太难"的篮子里，而把重点放在他比较轻松就能取得成功的事情上。在对企业进行估值或投资时，格雷厄姆价值投资者不会花时间研究自上而下的因素，比如货币政策、消费者信心指数、耐用品订单和市场情绪等。

买卖证券的动机应参考内在价值，而非价格势头。

——查理·芒格，《查理·芒格传》，2000 年

正如本杰明·格雷厄姆曾指出的那样："华尔街从来不问这家企业卖多少钱，这几乎令人难以置信，但的确是事实。"

对于像芒格和巴菲特这样著名的格雷厄姆价值投资者，可能会对当前的经济形势或市场指标发表自己的看法，但这并不表示他们购买股票是基于此种观点，也不代表他们认为自己成功预测了宏观经济对短期的影响。在新闻发布会和论坛上，著名的格雷厄姆价值投资者也许会对未来的长期经济走势给予积极的评价。然而，这并不意味着他们会基于这些预测进行投资。值得了解的有意思的事情和可用于投资决策的事情之间相距千里。例如，芒格和巴菲特都极其看好美国

经济的长期走势，但这并不意味着他们会对经济进行短期预测，或在做投资决策时考虑这种预测。

芒格对许多观点都坚定不移，其中包括这个核心信念：为了评估股票，你必须评估企业。格雷厄姆价值投资者是基于企业目前对私人投资者的价值（基于现在和过去的数据）来确定其资产的价值，而不是基于对未来市场的预测。如果把重点放在企业的价值上，你就没有必要预测经济的短期变化，因为它会进行自我调节。当股票价格低迷时，大家避之不及；而当股票价格高涨时，人人趋之若鹜。

人类倾向于集体做蠢事，在某些情况下，就像旅鼠一样聚在一起，这可以解释聪明人的很多愚蠢的想法和行为。

——查理·芒格，《慈善》圆桌会议，2000年

在格雷厄姆价值投资者看来，如果你评估股票却不密切关注企业的经营，你就只是一个投机者，而不是投资者。如果你是投资者，你就会设法了解企业资产的价值。相比之下，投机者则设法通过预测他人未来的行为来猜测资产的价格。换言之，投机者的目的是预测大众群体的心理，如果你

聪明且富有经验，就会知道这种想法发人深省。你在预测一群乌合之众会做什么，他们在这些方面有多擅长。与这一倾向相关的巨大风险是，你最终只会是随大流，并像芒格下面所说的那样做：

从众招致趋均数回归（仅能取得平均业绩）。

——查理·芒格，《穷查理宝典》
（*Poor Charlie's Almanack*），2005 年

当投机者花时间试图猜测其他投机者正在试图猜测什么时，这个过程很快就变得荒谬起来，并且周而复始。格雷厄姆价值投资者不会把股票或债券视为一张来回交易的纸。他们也不会花时间查看股价走势的技术图，寻找类似"双底"（double bottoms）或"兴登堡凶兆"（Hindenburg omens）的东西。一言以蔽之，投机者的理财业绩往往很惨淡，在扣除了费用、成本和税款之后，更是如此。即便投机者押对了宝，那也只不过是瞎猫碰上死耗子而已。而一般投资者，往往也会把运气和技巧混为一谈。

芒格坚信本杰明·格雷厄姆的观点："通过深入分析，投

资操作可以保证本金的安全,并获得适当的回报。不能满足这些要求的操作就是投机。"巴菲特也有类似的说法:

如果你是投资者,你会留意资产何去何从;如果你是投机者,你通常关注的是投资对象的价格何去何从?而我们,不是这样玩的。

——沃伦·巴菲特,《杰出投资者文摘》
(*Outstanding Investor Digest*),1997年

如果你把赌注押在大众身上,你就不会获得高于市场平均数的收益,尤其是在扣除费用、成本和税款之后更是如此。要跑赢大盘,有时你就必须逆潮流而动,但你必须要对逆向操作的时机有足够精准的把握才行。

例如,利用过去的价格曲线图和其他类似巫术的做法进行即日买卖的人都是投机者。你会听到他们谈论市场的表现,而不是谈论具体股票的价值是多少。基于一张走势图猜测市场的行为就只是猜测而已!不管它是一张旧棒球卡,还是一只股票,投机者的双眼只会盯着价格。格雷厄姆价值投资者与投机者的看法大相径庭。塞思·卡拉曼写道:"技术分

析是基于这样的假设：掌控未来股价的关键是过去的股价曲线，而非潜在企业的价值。"

在致股东的一封信中，巴菲特用一个故事说明了从众行为的危险性：

本杰明·格雷厄姆40年前讲了一个故事，说明为什么投资专家会这样做。有一位石油投机者蒙主恩召，升入天堂，但被圣彼得拦住，并给他带来了坏消息。圣彼得说："你有资格居住于此，但是，你可能也看到了，为炒石油的人留出的区域已经人满为患。没有空了，塞不进你去了。"思考片刻之后，这位投机者问能否允许他对目前的住户说几句话。这似乎对圣彼得没有害处，所以，这位投机者将双手放在嘴边，大喊一声："地狱发现了石油。"话音刚落，天堂大门四敞大开，所有的石油炒家一拥而出，直奔地狱。目瞪口呆的圣彼得邀请这位投机者搬进去，怎么舒服怎么住。这位投机者却止步了。他说："不了，我想我应该跟这帮家伙一起走。毕竟谣言可能也有些真实的成分。"

——沃伦·巴菲特，1985年

约翰·梅纳德·凯恩斯（John Maynard Keynes）将"投机"定义为"预测市场心理的活动"。他继而指出，投机者必须思考其他人在想什么，其他人在想市场的什么（并周而复始地思考下去）。现在看来，这就是所谓的"凯恩斯式的选美比赛"，评审者被告知不要挑选最漂亮的女子，相反，要挑选他们认为其他评审者认为最美的参赛者。这种竞赛的获胜者可能与传统选美比赛的获胜者差异很大。凯恩斯如此描述这种比赛：

这种情况不是根据个人最好的眼光去选择那些真正最漂亮的"面孔"，甚至不是那些被普遍认为最漂亮的。我们达到了第三个层次，那就是奉献出我们的聪明才智，去预测普通意见期待的普通意见是什么。我认为，有些人会做到第4、第5甚至更高的层次。

——约翰·梅纳德·凯恩斯，
《就业、利息和货币通论》，1936年

可以用一个故事说明某些推销员是如何学会操纵这一过程的：从前，有一个人和他的助手来到一个很小的镇子，他们四处向镇上的人放出消息：愿意以每只100美元的价格购买猴子。人们知道附近的森林里有很多猴子，便立即开始捕捉。他们俩以每只100美元的价格买了数千只猴子，并将它们关在一个大笼子里。让镇上的人感到遗憾的是，可捉的猴子数量迅速减少，最后，需要花好几个小时才能抓到一只。

当新来的人宣称他现在会以每只200美元的价格购买猴子时，镇上的居民开始加倍努力地抓猴子。但几天后，猴子已经很难找到，镇上的人便停止了捕捉。那个人回应说：他要去一个大城市旅游，再多带些现金回来，之后他会以500美元的价格收购猴子。

那人走了，他的助手却逐个告诉这些小镇居民："我会偷偷地按350美元的价格将我老板的猴子卖给你们，当他从大城市回来，你们就能按500美元一只卖给他了。"

居民们买回了所有的猴子，但他们再也没能看到那个人或他的助手。

霍华德·马克斯建议格雷厄姆价值投资者关注他们现在所知道的，而不是将要去向何方，因为很明显，你手中掌握着大量的当前数据，而关于未来的数据却始终空空如也。就

原则二　告别从众的愚蠢

像马克斯在做投资决策时那样，芒格把重点放在特定企业当下发生的事情上，谨慎避免对于未来的预测。巴菲特说过这样的话："我不用任何的预测或预报。它们会产生一个在表面看来很精确的假象。它们越细致，你就应该越担忧。我们从来不看预测，但会很在意业绩记录，而且看得很深入。如果一家公司的业绩记录很差劲，却有非常光明的前景，那我们就错过了这个机会。"芒格表示同意：

"预测"是由对某一特定结果感兴趣的人拼凑出来的，带着潜意识的偏见，其显而易见的精确性使其根本靠不住。它们让我想起马克·吐温说过的一句话："矿井是骗子拥有的地洞。"在美国，预测往往是谎言，虽然不是有意为之，却是最恶劣的谎言，因为做出这种预测的人常常自己相信有这么一档子事。

——查理·芒格，《巴菲特如是说》
（*Buffett Speaks*），2007年

我不会让别人为我做预测，因为我讨厌吐在桌子上。

——查理·芒格，加州大学
圣塔芭芭拉分校（UCSB），2003年

有一个关于短期预测者的谜题，我听过很多次了，说的是在一个方形交易大厅里，查理·芒格、复活节兔子、超人和某投资银行业绩不错的预测师，发现彼此各占大厅一角。大厅中间堆着一大堆百元钞票。如果他们同时奔向中间，谁会得到这些钱呢？答案是"芒格"，因为其他三者并不存在！

通过坚持做容易的投资，避开难题，基于当前真实存在的数据做出决定，格雷厄姆价值投资者就能大幅提高成功率。如果能够很好地知道自己在做什么，并且了解企业的基础业务，那么，了解现状自然就会变得更加容易。但一定要小心，因为有很多推销员会成功使用类似"预测现在"的方法，给人留下他们是成功投机者的印象。当然，预测现在总比预测未来容易得多。不妨仔细思考一下下面这个投资者和预测师的故事。一个驾驶热气球的人发现自己远远地偏离了航线。他降低高度，发现自己位于一栋办公大楼的正上方。一个站在大楼外面的人看见了热气球驾驶者，并朝他挥手。

热气球上的人喊道："打扰一下，你能告诉我这是在哪里吗？"

地上那个人大声回应道："你在一个热气球里，在这家投资银行总部上方约 150 英尺①。"

热气球上的人回答说："那么，想必你就是投资银行的预测师。"

地面上的那个人显然很惊讶，说道："对啊，我是！你是怎么知道的？"

热气球上的人说道："好吧，你告诉我的东西从技术上讲是正确的，但对任何人都没什么用。"

确定企业价值的最好方法是以私人投资者愿意为整个企业付多少钱为基础。例如，塞思·卡拉曼会为正在考虑购买的资产确定价格，并称之为"非公开市场价值"。

GAMCO（加贝利）资产管理公司如此定义"非公开市场价值"：

非公开市场价值（PMV）是充分掌握信息的实业家为购买具有相似特征的资产而愿意支付的价格。我们会仔细查看资产负债表和表外项目，以及自由现金流量，以此衡量它在私有市场上的价值。作为参照核对，我们会调查公共市场的

---

① 1 英尺≈0.305 米。——编者注

估值和交易记录。我们的投资目标是为客户实现高于通货膨胀率10%的年回报率。

从以上解释不难看出，虽然可以用多种不同的方式加以计算，但格雷厄姆价值投资者都在避免基于公众意见来确定股票价值的行为。若要说明这一点，不妨研究一下为什么芒格不买黄金。芒格认为，拥有黄金不是一种投资，因为对黄金不可能做到自下而上的基础估价，黄金也不是可以产生收入的资产。虽然黄金具有投机价值和商业价值，但在芒格看来，它没有可计算的内在价值。巴菲特说：他很乐意接受黄金作为礼物，但不会将它作为一种投资。确定投机价值完全就是对大众心理的预测，而芒格不想玩这种游戏。正如后文将要讨论的，对格雷厄姆价值投资者来说，非公开市场上的内在价值要求资产能够产生自由现金流。

2. 在价格大幅低于价值时买进，才能创建安全边际

安全边际的概念是格雷厄姆的箴言，它永远不会过时。

——查理·芒格，韦斯科金融公司年会，2003年

原则二 告别从众的愚蠢

（一家企业）不管看上去有多好，都不可能拥有无限高的价格。考虑到世事无常，我们的估价不但要合理，还要赋予其安全边际。

——查理·芒格，英国广播公司专访，2009年

芒格意在指出，如果格雷厄姆价值投资者应该在心中抱持一个出乎其类的原则的话，那它就是"安全边际"。对于这一点，没有人能比本杰明·格雷厄姆自己阐明得更清楚了：

若要将稳健投资的秘诀精炼成几个字，我们可以大胆地将"安全边际"这个座右铭作为答案。

——**本杰明·格雷厄姆**，《聪明的投资者》
（*The Intelligent Investor*），1949年

什么是安全边际？本杰明·格雷厄姆将"安全边际"定义为"价格和预示的或经过评估的（内在）价值之间有利的差额"。内在价值是未来现金流的现值。安全边际反映了内在价值和当前市场价格之间的差距。根据格雷厄姆的说法，安全边际的目的非常简单："实质上，安全边际的功能使得准确预估未来成为多余。"塞思·卡拉曼将格雷厄姆价值投资体

系简单描述为：在安全边际许可的低价时买进，然后等待。然而，正如汤姆·佩蒂与伤心人合唱团（Tom Petty and the Heartbreakers）歌曲里的歌词所言："等待是最难做到的。"

对公开市场中的投资者来说，安全边际类似于高速公路上的安全车距。这两种方法都是为了避免不得不做预测的情况。你与前行车辆之间若有足够的距离，你就只需对当下看到的情况做出反应，而不必预测前方驾驶者的动作。如果你的车离前方快速行驶的车辆只有几英尺，你就需要预测，而不是只做反应；否则，你就会撞车。简而言之，作为格雷厄姆价值投资者，你的目标是在足够便宜的时候买进股票，这样就不需要预测股票市场上短期价格的走势了。

安全边际原则对芒格这样的人来说是很自然的，芒格就是通过设法避免难做之事而获得成功的（例如在短期内预测未来）。他已经学会利用普通人的愿望解决难题，并使之完全改变。塞思·卡拉曼写道：

在价格远低于潜在价值时购买证券，使之在一个错综复杂、难以预测和迅速变化的世界里，能够承受得起人为失误、坏运气或极端的波动，此时，就获得了安全边际。

——塞思·卡拉曼，《安全边际》，1991年

卡拉曼说的最后一点是极其重要的。在对复杂系统进行成功预测的过程中，错误是不可避免的。拥有安全边际意味着即使你犯了错，也仍然可以赢。如果你没有犯错，那你的胜算就会更大。芒格对此洞若观火：

在工程领域，人们有很大的安全边际。但在金融世界，人们一点儿也不在乎安全性。他们任由它像气球一样膨胀，膨胀，再膨胀。

——查理·芒格，伯克希尔·哈撒韦公司年会，2003年

如果你用股价乘以股数，得到的结果是售出价值的1/3或更低，那么（本杰明·格雷厄姆）就会说，你占有很大的优势。即使是由一个上了年纪的酒鬼来经营一家平庸的企业，每股这么大的超额价值也意味着各种好事都有可能在你的身上发生。按照他的说法，拥有如此大的超额价值，你的安全边际是巨大的。

——查理·芒格，南加州大学商学院，1994年

芒格认为，投资中的安全边际与工程中所采用的一些方法类似。例如，如果你正在建一座桥梁，作为工程师，你会想要确保它比应对最严重情况所需的强度还要坚固得多。巴菲特曾经写道："当你建一座桥时，你要确保它能够承载3万磅[①]的重量，但只开着1万磅的卡车通过。同样的想法也适用于投资领域。"芒格认为，投资应该与此类似。投资的第一法则是：不犯重大财务错误。第二条法则同上。

支撑安全边际原则的是一个简单的理念：用超额价值作为缓冲以防止犯错。如果你是以"折扣价"购买了股票，你就拥有了安全边际，而这有助于避免犯错，也将提高你的成功概率。每个人都会犯错，所以，为防范失误而购买保险是明智的。找到有适当安全边际的投资机会并不常见，所以，你必须有耐心。对于大多数人来说，在等待期间想要有所行动的诱惑实在是难以抗拒。

正如芒格多年来所发现的那样，无须改变格雷厄姆价值投资体系的四项基本原则，只是在此基础上确立某些变量，该体系就能随着投资条件的变化而演进。

---

① 1磅≈454克。——编者注

本杰明·格雷厄姆的追随者……开始以不同的方式定义"低价位"。他们不断改变定义,以便能够一如既往地做他们经常做的事。这很有效。

——查理·芒格,南加州大学商学院,1994年

芒格在上述引文中使用的"低价位"这个词很重要。股价跌落或从高位回落还不足以被称为"低价位"。事实上,低于过去的价格而购买的,放到现在未必就是低价的。若格雷厄姆价值投资者能获得安全边际,那么股票的价值就一定得大大超过他们支付的价格。低价位的重要性稍后再做讨论。格雷厄姆价值投资者应该永远记住这个训诫:价格是你付出的,价值是你得到的。格雷厄姆价值投资者常常挂在嘴边的是这样一句话:"我在购买金融产品时的目标是用70美分买1美元。"当他们这样说时,他们并非真的是要"用70美分买1美元",而是要寻找大幅低于内在价值的低价位。简而言之,若格雷厄姆价值投资者可以用低于实际价值几十美分的价格买到价格为1美元的股票,即便出现重大失误,他们也仍然有利可图。

作为投资者，本杰明·格雷厄姆还有很多东西要学。股市大崩盘和大萧条几乎让他倾家荡产，他那些如何为公司估价的想法都是被逼出来的，他对市场可能发生的变数总是心有余悸。终其后半生，他都后怕不已，他所有的方法都旨在远离它们。我认为本杰明·格雷厄姆在投资方面赶不上沃伦·巴菲特，甚至不如我。购买廉价得像个雪茄屁股①一样的资产是一种陷阱和错觉，它不适用于我们拥有的不同数额的资金。你不能如此操作数十亿美元，甚至几百万美元的投资。但他是一位优秀的作家和老师，才华横溢，是当时投资领域的智者之一，也可能是唯一的智者。

——查理·芒格，贾森·茨威格专访，2014 年

芒格刚才讲的意思是，在本杰明·格雷厄姆那个时代，他对安全边际概念的应用与当今投资者（如芒格和巴菲特）的做法差异巨大。我们不妨回顾一下历史。在"大萧条"之后，格雷厄姆花费大量时间寻找"死了比活着更值钱"的公

---

① 所谓"雪茄屁股"是指成长潜力有限的公司，在被收购或清算时，售价只有其实际价值的一小部分。

司。股市大崩盘和"大萧条"导致很多人索性放弃持有股票。"大萧条"过去很长时间以后，一些公司可以用低于清算价值的价格收购。在此期间，这些所谓的雪茄屁股公司很普遍，但多年以后，在主要市场上已经难觅它们的踪影。晚年的时候，格雷厄姆本人在谈及这一点时的言论让很多人直至今日仍感到迷惑：上市公司不再以低于清算价值的价格进行交易，这一事实并不意味着使用格雷厄姆价值投资体系进行成功交易已不再可能。

置身于"大萧条"后的新环境中，芒格和其他许多格雷厄姆价值投资者开始将相同的格雷厄姆价值投资原则应用于高品质的企业，而不是交易价格低于清算价值的企业，而安全边际的处理方法同样有效。格雷厄姆价值投资体系的补充变量开始因为某些投资者而演变。稍后本书将讨论评估企业时要考虑的企业品质这个问题。

沃尔特·施洛斯、霍华德·马克斯、塞思·卡拉曼和其他几位格雷厄姆价值投资者更接近格雷厄姆寻找雪茄屁股的投资方式，鉴于在主要公开市场上找到雪茄屁股公司的机会寥寥无几，他们转而关注交易量较少的市场。霍华德·马克斯指出:"积极的管理应被视为对错误的搜寻。"在他看来,在较少交易的市场和所谓的"不良资产"中最有可能找到错误。

3.让"市场先生"成为你的仆人,而非主人

本杰明·格雷厄姆有一个"市场先生"的概念。他不认为市场是有效的,而是把它当成一个每天发病的狂躁抑郁症患者。有时它会说:"我会卖给你一部分我的股份,比你以为的价格还要低。"而在其他时候,当"市场先生"病情发作时,它会说:"我会以远高于你预期的价格买下你的股票。"

——**查理·芒格,南加州大学商学院,**1994 年

上述一番话,芒格意在说明本杰明·格雷厄姆"市场先生"的比喻很有说服力,而且简明扼要。格雷厄姆价值投资者认为"市场先生"在短期内的表现是无法预知的冰火两重天,因此,当市场心情沮丧时,它就可能会以低廉的价格将资产卖给你。其他时候,因为心情愉快,市场会以高于资产价值的价格买走你手中的股票。了解这两种情绪状态之间的

差别,对于成功应用格雷厄姆价值投资体系来说至关重要。市场先生之所以出现情绪化问题,是因为它是由很多人组成的,在短期内,这些人会基于自己的情绪和市场内所有其他人的预测及其行动来做出预测,从而"投票"确立一项资产的价格。本杰明·格雷厄姆指出,在很大程度上,市场是由A、B、C和D这样不同的人组成的,"A想方设法想要确定B、C和D可能在想什么,而B、C和D也在做着同样的事情"。

对格雷厄姆价值投资者来说,购买资产的最好时机恰恰出现在"市场先生"情绪低落之时。那时,股票很可能会被错误定价,以至出现一个明显的低价。正如本杰明·格雷厄姆所质疑的那样,股票价格下降基本上是有利的,为什么要将有利的事情变成不利的呢?只要企业本身的基本面保持稳定,市场对股价的短期看法可以被忽略,而且从长期看,这种情况一定会得到纠正。这种方法强化了对企业本身基本面进行分析的重要性。分析过程基本可以分为三步:分析企业以确定内在价值,以非常便宜的价格购买资产,然后等待。

任何关于市场的讨论都会不可避免地导致对所谓有效市场假说(EMH)的争论。有效市场假说的支持者认为投资者无法打败市场,因为市场总是会被合理定价。与有效市场假说的拥护者不同,芒格认为,市场在大多数时候都是有效的,但并不总是有效:

我认为"市场是有效的"大致上是正确的,所以,仅仅做一个聪明的投资者很难打败市场。但我认为它并非完全有效。完全有效和大致有效之间的区别给我们这种人创造非凡的纪录留下了无限机遇。市场足够有效,所以难以留下极好的投资记录。但这并非绝无可能。它也不只是极少数人的专利。投资管理领域的前 3% 或 4% 就能做得很好。

——查理·芒格,《吉普林个人理财》,2009 年

或许有人会说,芒格相信市场大致有效的假说。他认为,大致有效和总是有效之间的差距正是格雷厄姆价值投资者大显身手的好时机。股票有时定价偏低,有时又定价偏高。任何一个经历过互联网泡沫(像我一样),并且仍然认为市场总是有效(所谓市场有效的极端观点)的投资者,精神都不正常。

格雷厄姆价值投资体系的一个基本前提是"价格总是周

期性地涨跌"。格雷厄姆价值投资者认为不可能通过预测这些商业周期，而在短期内获得高于市场的财务收益。由于商业周期推动着价格随时出现不可预测的来回涨跌，因此只好一直选择"内在价值"作为基准点。从这个角度看，内在价值就像是晴雨表上的记号，设定了一个重要的参照点。投资者要做的就是耐心地观察，而不是预测价格走势，随时准备在价格大大低于内在价值时迅速而果断地下单，并且间或以很有吸引力且高于内在价值的价格出售。对格雷厄姆价值投资者来说，当有利的价格不可预见地出现时，迅速果断地做出反应至关重要。芒格指出：

对格雷厄姆来说，与一位不断给你一系列此类选项的躁狂抑郁症患者做生意，实乃幸事。

——查理·芒格，南加州大学商学院，1994年

市场先生的两极性是给格雷厄姆价值投资者的礼物。它偶尔会为他们搞几次廉价大酬宾活动，其他时候，它会溢价收购你的资产。对此，芒格的观点很简单：不要认为市场先生是聪明人；相反，把它看成你的仆人。投资资产的价格肯

定会围绕着其内在价值上下摆动。不要试图预测何时会发生摆动，而是要在摆动发生前非常耐心地等候。格雷厄姆价值投资者为股票定价，而不是为市场确定时间周期。耐心是格雷厄姆价值投资系统的难点所在。如果期待市场让你赚到足够的钱，让你下周就可以买一辆车或一艘快艇，那么你的这个理财目标势必无法实现。

可叹的是，整体而言，普通股票可能会出现明显却愚蠢的过高估价。它们的估值有几分像债券，是对其产生未来现金的使用价值进行的大致合理的预测。但它们的估值也有几分像伦勃朗的画作，到目前为止，如若有人购买，主要是因为价格上涨了。

——查理·芒格，《慈善》，2009 年

从众会让你受到市场先生的支配，因为市场先生就是大众。如果你是众人中的一员，那么，你显然无法打败大众。芒格认为，价格的短期波动是不理性的，它并非基于"总是有效"的市场，或可预测的确定性。最好的建议其实很简单，巴菲特说："他人贪婪时你要胆怯，他人胆怯时你要贪婪。"这话说起来容易,做起来却没那么简单,因为当各种可能性同时出现的时候最难下决断,这需要勇气。

许多年来,我们通常的做法是,如果自己喜欢的(股票)等东西价格跌落,我们就会购买更多。有时遇到一些事情,你意识到自己错了,那就退出。但如果你对自己的推断信心满满,那就增持,并利用股价谋利。

——查理·芒格,韦斯科金融公司年会,2002年

格雷厄姆的价值投资体系基于这样一个前提:风险(赔本的可能性)取决于你所购资产的价格。你所购买资产的价格越高,遭受资本损失的风险就越大。如果某只股票的价格下跌,风险则下降,而不是上升。为此,格雷厄姆价值投资者经常发现,特定股票跌价反而是增持该股票的机会。巴菲特说过这样的话:"我后半辈子会一直买汉堡。当汉堡价格下跌,我们家就会齐唱'哈利路亚';若汉堡价格上涨,我们就会悲伤地流泪。"

普通投资者面临的悖论是:通常只有最大的投资者(大型养老金、大学捐赠基金和大富豪)才会成为芒格所说的投

资管理领域的前3%或4%。对于普通投资者来说，这个问题在格劳乔·马克思的一个老笑话的演绎版本中有所体现：你不会想雇一位把你当成客户的投资经理！基于格雷厄姆价值投资原则来管理基金的人都知道，当市场行情下跌时，有经验的成功投资者不会感到恐慌，反而会视其为机会。格雷厄姆价值投资者马蒂·惠特曼甚至说：他不希望不理解格雷厄姆价值投资体系的投资者购买他的基金，因为当他们想要赎回其所有权利益时，他就必须卖出股票。

4.理性、客观和冷静

理性并不是一件你做了就能赚更多的钱的事情；它是一个有约束力的原则。理性确实是一个好理念。你必须避免做那些私下里已成惯例的毫无意义的事情。它需要培育思想体系，以便随着时间的推移提高你的成功率。

——查理·芒格，韦斯科金融公司年会，2006年

增强理性不是一件你可以选择做或不做的事情；它是你需要尽可能履行的一项道德义务。伯克希尔·哈撒韦公司的

表现良好，并不是因为我们从一开始就聪明过人，其实我们很无知。伯克希尔·哈撒韦公司的任何丰功伟绩都始于愚蠢和失败。

——**查理·芒格，韦斯科金融公司年会，2011年**

保持客观和冷静，这种理念永远不会过时。

——**查理·芒格，伯克希尔·哈撒韦公司年会，2003年**

正如上述引文所示，多年来，芒格反复讲道：理性思考和决策的能力是成功投资者最重要的素质。理性对格雷厄姆价值投资体系的重要性怎么强调都不为过。理性是心理和情绪失误最好的解药。在一次采访中，芒格回忆说，在他参加过的一个宴会上，坐在他旁边的一个人问他："请告诉我，您的巨大成功应该归功于您的哪一项素质？"芒格回答说："我是理性的。这就是答案。我很理性。"正如我稍后将要解释的那样，这种理性是他想方设法要培养的。做到理性其实并没那么容易。

尽管格雷厄姆价值投资者不会设法预测其他人的行为，但他们会花大量的时间努力避免自己有碍理性、客观和冷静的行为。最优秀的格雷厄姆价值投资者都明白这一道理：如果你从最简单的模块循序渐进地思考，并且采用会强化格雷厄姆价值投资体系的诸如"核查清单"这样的方法，你就可以避免犯大多数的错误，或至少不再犯新的错误。本书大部分篇幅将讲述格雷厄姆价值投资体系的第四原则。

原则三

领悟常识的价值

> 在进行专业学习之前,你需要接受通识教育。
>
> 查理·芒格

何谓基本的普世智慧？嗯，第一条法则是：如果你只是记住一些孤立的事实，并试着一字不差地复述，你就不可能完全了解它们。如果这些事实不能以某种理论框架为依托，形成完整的概念，你就无法利用它们。

——查理·芒格，南加州大学商学院，1994年

你必须了解重要学科中的重要概念，并经常使用它们，要全部使用，而不是少数几个。多数人只接受过一种模型的训练，比如经济学，并试图用一种方法解决所有的问题。你知道那句老话：在手握锤子的人眼里，万事万物都像是钉

子。这是处理问题的笨办法。

——查理·芒格，韦斯科金融公司年会，2000年

不可能在一个小的学科体系中发现世上所有的智慧。这就是为什么在普通人眼里，教诗歌学的教授整体而言没有那么的聪明。因为他们的头脑中没有足够的模型。

——查理·芒格，南加州大学商学院，1994年

模型是什么？噢，第一原则是你必须要有多个模型，因为如果只有一到两个在用，你就会扭曲现实，以迁就你的模型，这是人类心理的本性使然。

——查理·芒格，南加州大学商学院，1994年

在商业和生活中，芒格都在采用一种被他称为"普世智慧"的方法。芒格认为，很多学科都有自己的模型，比如心理学、历史、数学、物理、哲学、生物学，等等，借助不同学科的一系列模型，经过综合及融会贯通，形成一个综合模型，这要比几个部分拼凑在一起更有价值。罗伯特·哈格斯特朗所写的《查理·芒格的智慧》是一本精彩的阐述普世智慧的书，他在书中写道："每个学科相互交织，并在此过

程中彼此强化。善于思考的人会从各个学科中汲取重要的心智模式，这些核心理念结合起来就会形成综合性的理解。那些培养出此类宽阔视野的人也因此走上了获得普世智慧的坦途。"

很显然，芒格喜爱学习。实际上，他乐在其中，这使普世智慧投资过程也变得令人愉快。这一点很重要，因为很多人并不觉得投资有什么乐趣，与赌博相比尤其如此。科学研究表明，赌博可以借由化学物质（如多巴胺）产生快感，即便它是一项净现值为负数的活动。芒格所做的是创建一个体系，即普世智慧，使得他能在净现值为正数的活动中获得同样的化学奖励。当你在学习新知识时，你的大脑会给自己以化学奖励，从而激励你去做一名成功投资者需要做的事情。芒格认为，如果你坚持学习新事物，并且采用普世智慧的理念体系，你就会在投资方面获得胜过其他投资者的优势。

在发展其普世智慧方法时，芒格使用的是他所谓的"心智模式格栅"。何谓心智模式？赫伯特·西蒙对此概念深有体会：

在这种情况下，经验丰富的决策者和新手之间的差别在很大程度上并不是什么不可捉摸的东西，比如"推断"或"直觉"。打个比方，如果有人打开经验丰富决策者的头盖骨，查看他的大脑内部，就会发现他有各种可能的行动方案供他使用；还有核查清单可以让他三思而后行；还会发现他有自己的思维机制，一旦出现需要做出决策的情况，他就会唤醒并有意识地关注到这些机制。

——赫伯特·西蒙，《麦肯锡季刊》（*Mckinsey Quaterly*），1986 年

格栅的比喻是芒格精心选择的，它要传达的意思是：获得普世智慧所需的多种模型必须相互连接在一起。

你的脑子里要有模型，还要把你的经验分门别类地排布到这个模型格栅中，不管这些经验是间接获得的，还是直接获得的。

——查理·芒格，南加州大学商学院，1994 年

如果能看到普世智慧是如何应用的案例，你就更容易理解这种方法了。为了更好地加以说明，芒格举了一个企业的

原则三　领悟常识的价值

例子，这家企业提高了其产品的价格，却使该产品的销量更好。这似乎有违经济学中所教授的供求规律。不过，若是从心理学的角度考虑，就会得出这是吉芬商品（Giffen good）的结论，即在这类商品涨价之后，人们想要的反而更多。或者得出结论：购买者认为低价意味着质量差，而涨价意味着质量提升，从而导致销量的增加。从另一个视角来看，这是激励导致的偏差，而本案例的实际情况是，卖方收买了买家的采购代理。

芒格描述了这种例子确实会发生的一种情况：

假设你是一位共同基金经理，你想要达成更高的业绩。人们通常会总结出以下答案：你提高佣金，当然，这减少了卖给最终客户的实际投资数量，所以，这等于你是提高了卖给最终客户的实际投资的单位价格。你再使用额外的佣金去贿赂客户的采购代理。结果就是你贿赂经纪人，使之背叛其客户，将客户的钱投入到更高佣金的产品中。

——查理·芒格，南加州大学商学院，2003年

没有人可以通晓一切，但你可以设法从基本层面上了

解每门学科中那些重大且重要的模型，这样它们就可以共同为你的决策过程增加价值。简单地说，芒格认为，那些思路宽广并能理解不同学科中许多不同模型的人，会做出更好的决策，因此能够成为更优秀的投资者。这个观点并不令人吃惊，因为他认为这个世界是由许多不断互相影响的复杂体系组成的：

> 你获得一个复杂的体系，它喷涌出一大堆美妙的数字，使得你能够用以衡量某些因素。但也存在其他极为重要的因素，然而你却无法赋予这些因素以准确的数字。你知道它们重要，但你给不出数字。所以，实际上，每个人都在过度重视那些可量化的东西，因为它们适用于他们所学的统计方法，并且不会与那些可能更重要却难以测量的东西混为一谈。这是一个我一生都在尽力避免的错误，而且我对这样做毫不后悔。
>
> ——查理·芒格，南加州大学商学院，2003年

在芒格看来，洞明世事比花费大量时间研究一个错误的单一模型要好得多。

在处理涉及人或社会体系的事务时，即便只是近似正确的多模型方法也能产生更好的结果。在解释心智模式方法的格栅时，罗伯特·哈格斯特朗指出，芒格为那些倡导宽泛的人文学科教育的人提供了支持。芒格令人信服地指出，阅读名著之类的活动有助于一个人成为更优秀的投资者：

现代教育理论认为，在进行专业学习之前，你需要接受通识教育。我认为，在某种程度上，在成为一名出色的选股者之前，你同样需要一些通识知识。

——**查理·芒格，南加州大学商学院**，1994 年

用沃顿商学院教授菲利普·泰特洛克的话来说，芒格是一只"狐狸"（对很多的事情略知一二），而不是"刺猬"（对极少的事情所知甚多）。在我们可能会遇到的"狐狸"之中，芒格算是很特别的一只。他对很多的事都知之甚多，同时还对几乎所有的事都有所了解。当比尔·盖茨说"查理·芒格确实是我遇到的最博学的思想家"时，他指的就是这一点。巴菲特补充道，芒格有"世界上最厉害的 30 秒思维。他一下子就能从 A 蹦到 Z。甚至你的话还没有讲完，他就看清了

所有的本质"。

芒格认为，由于事物之间都是普遍联系的，基于多学科的宽泛思维会让你成为更出色的思考者。

你必须认识到生物学家朱利安·赫胥黎想法的真实性，"生活只不过是一个又一个该死的关联"。所以，你必须有模型，必须看到关联性以及这种关联性的影响。

——查理·芒格，《穷查理宝典》，2005年

理解生物学、心理学、化学、物理、历史、哲学或工程学，会让你成为更出色的投资者。芒格相信：

人们计算得太多，思考得太少。

——查理·芒格，伯克希尔·哈撒韦公司年会，2002年

芒格渊博的知识自然是他性格的一部分，同时也是他有意培养的结果。在他看来，对一个重要议题一无所知是会招来麻烦的。芒格和巴菲特每天都会留出大量的时间专门用于思考。阅读新闻的人会被不断地提醒不思考的后果。思考是一项被人严重低估了的活动。2014年，研究人员发表了一项

研究成果，显示约有 1/4 的女性和 2/3 的男性宁可选择自我电击，也不愿意花时间独处思考。[①]芒格可能会说：不能独自面对自己思想的人最不可能成为成功的投资者。

芒格的演讲和文章充满了古往今来很多不同领域的伟人的思想。在安排工作日程时，芒格也很细心地留出很多时间用于阅读。说他爱书是有点儿言轻了。巴菲特说芒格读过几百本传记，而这只不过是他举的一个例子。在追求普世智慧方面，他有着坚定的目标，不喜欢自己的日程表被工作预约和会议填满。"你几乎找不到跟我们一样的两个合作伙伴，每天都会拿出好几个小时用于读书。"巴菲特补充道，"瞧，我的工作其实就是搜罗越来越多的事实和信息，并时不时地看看哪些会引发某些行动。"

在阐述普世智慧的概念时，芒格指出：很多专业人士往往只思考自己的学科知识，认为不管干什么，它们都能解决

---

① 研究表明，被迫独处思考几分钟，在很多人看来是令人不舒服的体验。在测试"做不舒服的事，还是什么也不做"的实验中，实验者允许受试者选择按下电钮，给自己轻微的电击。在实验之前，受试者已经被实验性地电击过一次，很多人表示不愿意再次体验那种感觉。然而，实验中，在独处时，仍有 1/4 的女性和 2/3 的男性选择了电击。——译者注

所有的生活问题。比如，营养学家可能觉得他们似乎可以治愈任何疾病。脊椎按摩师可能认为他们可以治愈癌症。但是按照芒格的说法，向其他学科学习是必不可少的。

掌握他人已经充分理解的事物的精华，我相信这样的训练方法。只是坐在那里自己空想，我觉得行不通。谁也没有那么聪明。

——查理·芒格，斯坦福大学法学院，1998年

对于渴望变得明智的人来说，拓宽思路并且向他人学习十分关键。芒格说过很多次，有些人确实很聪明，却倾注全部时间成为一个狭窄领域的专家，这对他们自己和他人都可能是很危险的。这方面的例子很多，宏观经济学家研究经济，却在自己的投资组合上损失惨重。有些营销专家则认为，大多数的企业问题都可以通过营销解决。金融学家在看待自己的专业时往往也抱有类似的想法。太多的人认为自己的工作很难，而别人做的事却很容易。

芒格认为，处理问题的最佳途径，就是采用多学科的方法：

你可能会说:"我的上帝,这也太难了。"但幸运的是,这也没有那么难,因为你若想要成为拥有普世智慧的人,只要80或90个重要模型就能承担起这一重担的90%左右。并且,其中至关重要的模型屈指可数。

——查理·芒格,南加州大学商学院,1994年

因为听芒格提到了"80或90个重要模型",于是人们要求他列出这些重要模型的完整清单。在其著名的"人类误判心理学"演讲中,芒格定义了许多心理学模型,也临时提到了其他的模型,却始终没有拟出一个涵盖所有学科的完整清单。

芒格认为,通过学习辨识某些无效的决策方法,投资者就可以学会少犯错误。他还认为,无论人们在工作、学习上有多努力,错误仍旧在所难免,不可能被完全消除。所能期待的最好结果就是:降低它们的发生频率,并且努力降低它们的损害程度。芒格详细解释道:

人的大脑并不完美,能力也有限,轻易就会转移到对它来说容易做的事情上去。大脑没有记住的东西,它就无法利用,

或者有时因为一种或多种心理倾向对其施加了强烈的影响，它的认知能力也会被抑制……人类大脑深层结构要求做到：获得全面能力的办法就是学习它们直至娴熟掌握，不管你喜欢与否。

——查理·芒格，哈佛大学，1995年

我不断看到这种情况，生活中那些发迹之人并非是最聪明的人，有时甚至不是最勤奋的人，但他们都是学习机器。每天晚上睡觉时，他们会变得比当天早晨起床时更聪明一点儿，但这确实有帮助，特别是当你前面还有很长的路要走的时候……所以，如果说文明只可凭借一种先进的方法不断进步，那就一定是学会学习的方法。在我漫长的人生中，没有什么比不断学习对我更有帮助的事情了。我终其一生不断地实践多学科的方法（因为如果不实践，就会失去它）。我不知该如何向你们形容它让我的生活变得多么美好。它让我的生活有了更多的乐趣，它让我更富有建设性，它让我有更好的能力去帮助他人，并且让我极为富有。凡是你能想到的，这种态度都会对其有所帮助。

——查理·芒格，南加州大学法学院，2007年在考虑一项决策时,芒格认为明智的办法就是提出问题。从心理学借来的直观判断决策试探法(decision-making heuristics)如果失常会导致错误吗?有什么办法可以用来发现这些错误?芒格喜欢使用代数模型将问题反转,从而找到解决办法。寻找能够揭示和解释错误的模型,如此就能积累普世智慧,这确实有很大的乐趣。这就好像一个有待解决的谜题。

实际上,格栅法是对投资流程的重复检查。但不是只有两次检查,而是对结果的一次又一次的检查。芒格认为,通过仔细检查决策流程,并慎重利用多个学科的技巧、概念和模型,有助于你做到始终不犯傻。即使很小心,你还是会经常犯一些低级错误,但此流程的设立旨在降低这些错误发生的概率。

为了确保尽可能更多地利用模型,芒格喜欢利用核查清单:

针对不同的公司,你需要不同的核查清单和不同的心智模式。我向来无法轻轻松松地说:"此处有三个要点。"你必须自行推导,并终其一生把它深深地印在脑海里。

——查理·芒格,伯克希尔·哈撒韦公司年会,2002年作为普世智慧生活方式的一部分，芒格比较关注从错误中学习：

你可以学着比其他人少犯错，以及在犯错后如何更快地弥补过失。

——查理·芒格，哈佛大学，1995年

绝顶聪明的人会犯疯狂到极点的错误。

——查理·芒格，南加州大学商学院，1994年

我不希望你们认为，我们在学习或做人做事上有什么方法能在学到之后保证再不犯错。

——查理·芒格，南加州大学商学院，1994年

芒格会尽最大可能去了解企业，他往往通过直接参与其中，获得第一手的材料，有时也通过犯错或成功获得经验。在现实世界中经历了犯错、成功或失败的过程后（即从市场获取反馈），你就能学会并培养出良好的商业推断能力了。伯克希尔·哈撒韦公司的很多投资都极具价值，这种价值就在于它们教会了巴菲特和芒格什么投资不可以做。在巴菲特

看来，在20世纪60年代购买一家新英格兰纺织厂在某种程度上是一个错误。那是一家绩效很差的企业，不值得注入新的资金，因为相比巴菲特其他的投资选项，对它的投资永远不会产生更多的回报。当伯克希尔·哈撒韦公司为康菲石油公司（Conoco Phillips）支付了过多的钱，或在购买美国航空公司时，他们犯下了错误。伯克希尔·哈撒韦公司在购买德克斯特鞋业公司（Dexter Shoes）时也犯了错，代价高达数十亿美元。在对德克斯特鞋业做尽职调查分析时，巴菲特和芒格都犯了错，他们没有证实这家企业还有一条起保护作用的"护城河"，而是过于看重他们认为很有吸引力的收购价格。巴菲特曾讲到过德克斯特鞋业："我评估认为它具有持久的竞争优势，可几年之内那就消失殆尽了。"本质上，资本主义意味着其他人总是试图复制任何有利可图的企业。你永远处于一场维护所得的保卫战中。德克斯特鞋业很快就输掉了那场战斗。如果你犯了错，资本主义"竞争性毁灭"的力量就会迅速露出狰狞的，有时甚至是残酷无情的面目。

我认为没有必要像我们之前那么笨。

——查理·芒格，伯克希尔·哈撒韦公司年会，2011年

> 我喜欢人们承认他们是彻头彻尾的蠢驴。我知道，如果我自揭疮疤，我将会表现得更好。这是一个值得学习的妙招。

——查理·芒格，伯克希尔·哈撒韦公司年会，2011年

芒格曾多次表示，早年他犯的错误要比现在多。他犯的早期错误之一就是拥有了一家生产变压器的公司。他还说过，曾经发现自己置身于一家只有受虐狂才喜欢的房地产企业。相比其他商业领域，似乎他对房地产行业的失误容忍度更高。与炒股相比，建屋盖楼对芒格特别有吸引力。

芒格认为，避免失误的极好方式是，根据自己受到的教育和经验，去拥有一家简单易懂的企业。他指出："如果事情错综复杂，自然你就有机会遇到欺诈和错误。"这种方法与巴菲特的观点不谋而合，巴菲特喜欢的挑战是那些相当于在水桶里钓鱼的企业。

巴菲特曾说，如果在犯错之后，你无法解释为何失败，那么，这家企业对你来说就太复杂了。换句话说，芒格和巴

菲特喜欢去了解他们为什么会犯错,这样他们就可以吸取经验教训。如果你无法了解这家企业,也就不能确定自己做错了什么。如果不能确定自己做错了什么,你就无法学习。如果无法学习,你就不知道自己正在做什么,这才是产生风险的真正原因。

如果你想提高自己的认知能力,那么忘记自己的错误本身就是一个可怕的错误。现实不会提醒你。为什么不庆祝一下这两个愚蠢的错误呢?

——查理·芒格,韦斯科金融公司年会,2006年

芒格承认,即使做了几十年的商人和投资者,他依然会犯错。在芒格犯过的错误中,最严重的反而是他没有去做的那些事。

有史以来,伯克希尔·哈撒韦公司犯过的最极端的错误是疏漏。我们看到了,却没有采取行动。那些巨大的错误让我们损失了数十亿美元。我们还是在继续这样做。在这方面我们有所改善,但永远没法克服它。错误有两类:一是什么

都不做，沃伦称之为"吮拇指"，二是本来应该大量买进的，我们却缩手缩脚，买的很少。

——查理·芒格，伯克希尔·哈撒韦公司年会，2001年

我们最大的错误是我们没有做的那些事，也就是我们没有买的那些公司。

——查理·芒格，《财富》杂志，1998年

芒格和巴菲特决定不投资沃尔玛（Wal-Mart）只是其疏漏过失的其中一例。巴菲特说，仅沃尔玛这一个失误就让他们损失了100亿美元。同样，1973年，汤姆·墨菲表示愿意将下辖的几家电视台出售给伯克希尔·哈撒韦公司，开价3 500万美元，而伯克希尔·哈撒韦公司拒绝了。巴菲特承认："（未能购买那些电视台）是一个巨大的疏漏式错误。"

芒格是有意选择"智慧"这个词的，因为他认为，单纯的知识，特别是那些来自同一个领域的知识，是远远不够的。一个人要做到睿智，必须还要有经验、常识和良好的推断力。只有懂得如何将这些所得实际应用于生活之中，一个人才能真正变得睿智。

原则四

走出直观判断的误区

> 当用粗略的直观判断法来处理概率时,常常会被它误导。
>
> ▷ 查理·芒格

人类已发展出简单的经验法则，称之为直观判断法，使得自己能够有效地进行决策。直观判断法是必不可少的，否则，正常生活中一天所需的各种决策就无法做出。它使人们能够应付超载的信息和计算，及时处理风险、不确定性以及无知。遗憾的是，直观判断法偶尔也会使人做出失常之举。当然，这种失常倾向并非注定。人们倾向于做某事并非意味着他们总是这样做，也并非意味着学不会抑制这些倾向，或是所有人都有着相同的倾向。包括芒格在内的所有人都必须小心，以免受到某些倾向的伤害，因为这些往往是致命的倾向。

如果某些人类活动不属于过去我们作为一个物种的大多数进化行为，比如投资，那么在此类活动中，直观判断法就很可能会犯下一个又一个愚蠢的错误。理查德·泽克豪泽教授写道："在利用直观判断法时，人们倾向于用其理解的去推断其无法理解的。"泽克豪泽在打桥牌和投资方面的决策方法都让芒格很是佩服。

偏见源于人类大脑在其自然状态下的非数学性，当它用粗略的直观判断法来处理概率时，就常常会被误导。

——查理·芒格，哈佛大学，1995年

为什么会发生这种事？詹姆斯·蒙泰尔（James Montier）指出：

道理很简单，面对当今世界，我们还不适应。我们是从一个迥然相异的环境中进化而来的，祖先的进化环境左右着我们的思考和感觉方式。我们可以学着将心智切换成其他的思考方式，但不容易，因为我们必须克服自我欺骗造成的对学习的限制。此外，我们还需要重组数据，使之变成更现代、更熟悉的形式，以便我们能够对其进行正确地加工、处理。

——詹姆斯·蒙泰尔，《达尔文的心智》（*Darwin's Mind*），2006年

直观判断法可以节约稀缺的身心资源，同样的方法有时是有益的，但有时也会让人犯下有害的系统性错误。

倾向之利可能远大于弊。否则，它们就不会存在，而且为人所用了，考虑到人自身的条件及其有限的大脑容量，这已经是很不错了。所以，倾向根本不会自动被清除，也不应该被清除……倾向并非总是发生，了解倾向及其矫正办法将有助于避免麻烦的发生。

——查理·芒格，哈佛大学，1995年

要更好地理解芒格，一个方法就是将他的思想与个人的故事联系起来。我以几年前发生的一件事为例。当时，我靠近肘部的二头肌一直轻微疼痛，持续了好几个月的时间。我的医生认为，这可能是举重物时拉伤了肌肉所致。2013年1月的一天晚上，我睡得正香，突然被双臂的剧痛惊醒。我立

刻想到："这可能是一次轻微的心脏病发作。我需要去急诊室。"我叫醒妻子，要求她赶紧穿好衣服去开车。在去医院的路上，我胳膊上的痛感开始消失。就在那时，我开始说服自己胳膊上的痛其实不是因为心脏病发作。我确信自己潜意识里想的是："下周我的日程安排很忙。我现在不能犯心脏病。这次疼痛很可能并无大碍。我可能只是在健身房里伤到了自己。有谁在犯心脏病时不感到胸痛呢？"此时，我跟妻子说："也许我们应该回家。你要坚持去医院吗？"我的妻子坚持要去，于是，我们还是去了急诊室。我原本想和她争辩的，但在那一刻，我提醒自己，想一想芒格和巴菲特计算风险的方法：

从获利的概率与可能获利数额的乘积里，减去损失的概率与可能损失数额的乘积。我们正在尽力做的就是这个。它不完美，但它就是这么回事。

——**沃伦·巴菲特，伯克希尔·哈撒韦公司年会，**1989 年

显然，去急诊室检查一下我的心脏功能是明智之举，因为即便发病的概率很小（鉴于当时的症状，其实并非很小），

原则四　走出直观判断的误区

但万一发病损失可能巨大。想到这个公式之后，我知道我需要去医院。在这种情况下，理性（和我的妻子）战胜了心理抗拒、乐观和其他消极的决策倾向。结果证明，我的疼痛是轻微心脏病发作的症状，三天后，我进入手术室，做了三处心脏搭桥。

实际上，我们都会给自己编造故事，回避事实。即使花了大量时间学习行为经济学，你的技能也可能只是稍稍提高了一点儿。你总是会犯错。丹尼尔·卡尼曼是诺贝尔奖获得者，其职业生涯的大部分时间都在研究行为经济学，他曾说过："有些影响，我多半归结为年龄因素，除此之外，我的直觉思维容易倾向于过度自信、极端预测和计划谬误。"即使做不到完美，你也可以在避免错误方面稍有长进，与那些并不了解芒格的倾向理论和行为经济学其他方面的人相比，你在市场上就多了一分优势。

由于存在与市场有关的手续费、成本和开支，投资是不及零和的博弈。你所购买的某项投资产品，根据定义，那正是别人在出售的东西。除非买方或卖方犯错，否则资产价格将维持不变，且买卖双方将打成平手。换句话说，关于投资的一句老话是这样讲的：你若发现了一个重大错误，那也一定是某个人正在犯这个错误。

投资者大多在零和博弈的范围内操作。诚然，随着时间的逝去，几乎所有公司的价值都会伴随着经济的增长而增长，但一位投资者的出色业绩必然会被市场上另外一个人的表现欠佳所抵消。

——塞思·卡拉曼，《包普斯特公司致股东的信》
(*Baupost Group Letter*)，2005年

例如，如果你理解由行为经济学现象引起的失常之举，而其他人不理解，那么你就拥有了一个潜在的优势。优秀的格雷厄姆价值投资者会花大量时间思考失常的决策和情绪失误可能是什么原因造成的。其他人的错误为格雷厄姆价值投资者创造了机会。正如哥伦比亚大学商学院教授布鲁斯·格林沃尔德（Bruce Greenwald）所指："很多行为金融学理论证实了本杰明·格雷厄姆原来的推断。"

花时间仔细了解芒格对一些主要心理倾向的解释，是非常值得的。芒格知道他的直观判断法清单远远算不上完整。我建

议本书的读者再多去阅读一些其他的书籍和文章，它们不仅是对这个清单的补充，而且详细地论述了直观判断法，在此仅举几个例子，比如心理账户、沉没成本、歧义、遗憾和设计框架。

1. 奖惩的超级反应倾向

几乎所有人都认为自己充分认识到了激励和非激励对改变认知和行为的重要性。但真实情况往往并非如此。比如，我认为，几乎在我成年后的整个人生中，论起对激励力量的理解，我一直是同龄人中的前5%，然而，我仍然经常低估这种力量。让我非常惊讶的是，每长一岁，我就会对激励拥有的超强力量又多了几分了解。

——查理·芒格，哈佛大学，1995年

厄普顿·辛克莱说得最好。他说："当一个人的谋生方式要求他相信X时，那么就很难让他相信非X。"在潜意识层面，你的大脑捉弄你，你认为对真实小我有利的就是你应该相信的。

——查理·芒格，哈佛西湖学校
（Harvard-Westlake School），2010年

大自然的铁律是种瓜得瓜，种豆得豆。如果你想要蚂蚁过来，那就得先在地板上撒糖。

——查理·芒格，韦斯科金融公司年会，2001年

奖励和惩罚超级反应倾向与心理学家所谓的"强化"和经济学家所谓的"激励"有关。这种倾向会让投资出现麻烦，当理财顾问向客户推销理财产品，例如某些类型的年金，因而可以赚到一大笔销售提成时，这种倾向的影响就会非常典型地显现出来。面对有可能的奖金激励，原本亲切、经常虔诚礼拜和心系社区的理财顾问可能会变成一条受了不当激励的鲨鱼。这种激励机制的错位说明了为什么以下做法是明智的：雇用按一定比例收费的理财规划师，并确保他或她没有私下收受回扣和销售提成。芒格举了另外一个例子：

每个人都想成为投资经理人，筹措到最大数额的资金，彼此疯狂地交易，然后，从总收入中抽走部分佣金。我认识一个家伙，是一位聪明绝顶，且非常精明能干的投资者。我问他："你向你的机构客户讲的回报率是多少？"他说：

"20%。"我不敢相信,因为他知道那不可能。但他说:"查理,如果我给他们报一个较低的数字,他们怎么还会把钱交给我投资呢!"投资管理业简直疯了。

——查理·芒格,贾森·茨威格的专访,2014年

芒格的故事让我想起了另外一个故事:

一位神职人员去世了,他在天堂门前排队,准备进入。他前面是一位投资经理人。圣彼得问这位投资经理人:"你是谁?做过什么可以让我同意你进天堂的事?"

此人答道:"我是乔·史密斯。我为成千上万的人打理钱财。"

圣彼得查看了他的名单,对投资经理人说:"拿上这件丝绸长袍和金杖,进天堂吧。"

现在轮到那位牧师了。"我是约瑟夫·弗兰尼根神父,之前在纽约圣帕特里克教堂服务。"

圣彼得查看他的名单,说道:"拿上这件棉袍和木杖,进天堂吧。"

"等等。"弗兰尼根神父说,"那个人是投资经理人,却

得到丝袍和金杖，我就只能得到棉袍和木杖吗？这怎么可能呢？"

"在这里，我们基于结果分配。"圣彼得说，"当你布道的时候，听的人都在睡觉。但他的客户都在祈祷。"

既能避免芒格前面探讨的这些问题，又能让投资者收益最大化的方法就是利用激励，让理财规划师"自食其果"，如此才能使其与客户同甘共苦。

比如，真正负责任的制度是罗马人建拱门时的做法。在脚手架被拆除时，建造拱门的人要站在拱门之下。这就像是自己为自己的降落伞打包一样。

——查理·芒格，伯克希尔·哈撒韦公司年会，1993年

每天读新闻的时候，我们都不难发现不当激励损害文明的例子。纳西姆·塔勒布（Nassim Taleb）提出了该问题的一个例子和潜在的解决方案：

谈到金融监管，我们应强制执行"风险共担"的基本原则，而不是依赖数千页词不达意的管制条例。"船长随船一

起沉没,每位船长、每艘船概莫能外。"换句话说,没有谁应该只沾光,不吃亏,特别是当其他人可能会受到伤害时,更是如此。

——**纳西姆·塔勒布,2012年**

芒格看到了现今存在的这个问题,它反映出的事实是:由于经理人不能自我约束,无法远离可能不道德或违法的活动,法律、法规已经将会计师变成了警察。让经理人为自己的行为承担法律责任会是一个极好的起点。

芒格认为,构建薪酬激励机制关系重大。如果能有恰当的构架,那么,一张值得信赖的缜密网络就得以建立,与这种倾向有关的问题也会相应减少。例如,令人惊讶的是,有多少人未能认识到,如果你事先付酬,而不是秋后算账,业绩将会遭到多大的负面影响。正因为不当激励存在风险,芒格和巴菲特才选择自己做薪酬决策,而将几乎所有的管理职责委托于他人。

2. 喜欢或热爱倾向

钦佩也会引发或强化喜欢或热爱。在这种"反馈模式"的作用下，其后果往往是极端的，有时甚至会导致故意自毁，以帮助所爱。

——查理·芒格，哈佛大学，1995 年

芒格认为，人们往往忽略或拒不承认所爱之人的过错，也倾向于歪曲事实，以迁就所爱。他认为，我们容易受自己喜欢之人的影响，也许受真心喜欢我们的人的影响更大。对于社会来说，这种倾向具有明显的积极作用，但在投资决策中，它们鲜有用武之地。你可能喜欢甚至爱你的朋友或亲戚，但这并不意味着你可以把自己的钱托付给他们打理。借钱给亲戚隐含着风险。直接将钱送给有需要的朋友和亲戚通常是比较理想的做法，或者如果你按借钱来处理，那就别期待还有偿还的那一天。接受你借贷的亲友往往会显现出短期记忆，以及模糊或选择性记忆。这种倾向还有另外一个例子，它表现为当人们爱上一家公司的时候，就会错误地投资那家公司，这就是此种热爱的结果。即使你爱你的雇主，拿出自己过多的积蓄，只购买这一家公司的股票，风险也是非常大的。有些公司找到一种方法来利用这一倾向，即让他们的销售人员向在聚会上认识的人推销产品。特百惠（Tupperware）俱乐部就是这一原理在现实应用中的典型案例。

对于这种喜欢或热爱倾向，抑制办法是找到一位不怕跟你意见不合的聪明人。芒格喜欢说这句话：如果一年之内，你没有在某些对你举足轻重的重大想法上改变过主意，这一年就算白过了。

3. 讨厌或憎恨倾向

避免邪恶，当它们是有吸引力的异性时尤其如此。

——查理·芒格，伯克希尔·哈撒韦公司年会，2004 年

讨厌或憎恨倾向正好与前一种倾向相反。芒格认为，生命如此短暂，以至不能跟自己不喜欢的人一起做生意。如果由于道德原因，某公司销售的产品和服务是他不喜欢的，那

么芒格就会拒绝向它们投资。比如，芒格和巴菲特都避免投资赌场。

芒格认为，即使忽略道德因素，讨厌或憎恨倾向有时也会失常。例如，即使求职者就读的是与你母校有竞争的大学，这一事实也不应影响你的聘用决定。考虑此类因素是非常不理性的。换句话说，芒格认为，从道德方面对公司或个人做出评定是合乎情理的，但必须小心，不要基于非理性的因素对公司或个人下评判。家庭成员也不可能置身于讨厌或憎恨倾向之外。在这一点上，芒格引用巴菲特的话："富人和穷人之间的主要差异是富人可以花更多的时间起诉他们的亲戚。"

顺从专业人士已经学会了利用这种倾向操纵公众的决定，其中就包括一些政治家和宗教领袖。如果有人企图操纵你的行为，你应保持理性，将对一件事情的感受与对其他相关事情的感受区别开来。如果有人似乎喜欢或欣赏你，那可能是一个诡计，为的是确保你遵从他们希望你遵从的事情。区分一个人是否真诚所需的技能要凭经验获得——良好的推断通常源于经验，这种经验也包含了拙劣的推断。有些人似乎永远学不会,有些人似乎天生就有良好的推断力,这是人生最大的谜团之一。

4. 回避疑虑倾向

> 对于被捕食者来说,在受到捕食者的威胁时,花很长时间去决定做什么,必定适得其反。
>
> ——查理·芒格,《穷查理宝典》
> (*Poor Charle's Almanack*),2005 年

研究人员认为,回避疑虑倾向之所以存在,是因为如果人们排斥怀疑,那么大脑的处理负担将大幅减少。丹尼尔·卡尼曼认为,回避疑虑倾向属于"系统 1"的活动,迈克尔·莫布森对该活动做了如下描述:"'系统 1'是你的体验系统。它是快速、敏捷和下意识的,实在很难控制。'系统 2'是你的分析系统:缓慢,目的性强,有意为之,但有可塑性。"当涉及投资时,回避疑虑会让人陷入大麻烦。比如,有人会想:"既然可以如此轻易地回避疑虑,那为什么还要调查伯纳德·麦道夫这样的资产管理人?毕竟,他服务的客户

很多都是重要人物。他们肯定仔细调查过他的投资经营情况和背景。"

企业家的信心因回避疑虑倾向而得以增强，通过形成生产力，切实促进经济的成长，这种信心增进了整个社会的福祉，即使失败的企业家不胜枚举，也不能抹杀他们的功绩。纳西姆·塔勒布评述道："你们多数人会失败，受到蔑视，一贫如洗，但我们非常感激你们为这个世界的经济增长和为他人摆脱贫困而承受的风险和牺牲。你们是反脆弱的源头。我们的国家感谢你们。"

5. 避免不一致倾向

由于不愿意改变，人的大脑得以节约使用运算空间。

——**查理·芒格，哈佛大学**，1995 年

人们不愿意改变，甚至当他们接收到的新信息与其业已相信的信息相冲突时，也不情愿改变。避免不一致倾向是另一个很有用的直观判断法，因为如果在每一天开始的时候，

都要换成全新的思维,那就需要大脑拥有超强的处理能力才行。遗憾的是,直观判断法通常就是这样,在多数情况下有益的事情有时可能也是有害的。如果这种倾向与前面讨论的回避疑虑倾向同时表现出来,其所造成的不利影响就会雪上加霜。如果一个人投入了大量精力,得出了某个结论或看法,且一旦改变会导致令人不快的事情发生,那么此时抗拒改变既定结论或看法的渴望就会变得尤为强烈。这就是许多专业往往"在葬礼之后才会取得进步"[①]的主要原因。在许多公司都能发现此类现象的例子,比如拒绝承认个人电脑或手机对其经营构成了威胁。

另一方面,有些人缺乏避免不一致的倾向则有益于社会。例如,不受旧观念束缚的创业者有时更容易开拓新的事业。再如,某企业高管可能会固执于他们已公开主张的观

---

① 马克斯·普朗克(1858年4月23日—1947年10月4日),现代量子理论的创始人,1918年诺贝尔物理学奖获得者。他说过一句话:"Science advances one funeral at a time."若用他的另外一句话来解释这句话,那意思就是:一个新的科学真理并不是通过说服反对者,并让他们恍然大悟而获胜的,而是因为反对者最终去世,熟悉新理论的新一代成长起来了。——译者注

点，即便事实已经证明该观点是错的，他们也不会改变初衷。若要避免此类麻烦，方法就是要在公开场合谨言慎行。另外，要意识到，一旦你在公开场合表了态，你就会对证明其不成立的证据视而不见。这种倾向让人不禁想到马克·吐温说过的一句话："今生今世你需要的不外乎无知和自信；然后，成功就是囊中之物。"有些企业家往往所知不多，想不到有些事情是不能做的，所以，偶尔他们真能做成完全出乎意料的事情。古语有云：即便是瞎眼的松鼠有时也能发现坚果。

6. 好奇倾向

好奇心既能给人以乐趣，又能让人获得智慧，偶尔也会带来麻烦。

——**查理·芒格，《穷查理宝典》**，2005 年

我天生好奇。如果你不是如此，那就搞清楚你那倒霉的身体到底是怎么回事。

——**查理·芒格，韦斯科金融公司年会**，2010 年

原则四　走出直观判断的误区

经验肯定了一个我们长期保持的观念，那就是时刻做好准备，在人生中的一些时机到来时，迅速恰当地采取行动，做一些简单又符合逻辑的事情，而这常常会大幅改善那段时间的财务状况。那些怀着好奇心，喜欢运用多种变量调查分析，并不断研究和等待的人，总会碰上几次清晰可辨的重大机遇。届时，所需做的不过是在机会极为有利时，将过去因审慎和耐心所积累的资源全部派上用场，大举押注。

——**查理·芒格，韦斯科金融公司年会**，1996 年

生活中有许多事情需要权衡取舍。生活的善之源同时也可能是恶之源。这种不可避免的权衡取舍也适用于好奇心，没有什么比失败和错误更能教人如何正确地对待好奇心了。基于实际经验，明智的投资者会获得一种有关好奇心的肌肉记忆。对生活的好奇心和对困难决策的限制是芒格生活方式的一部分。即使某个主题对某人没有现实的价值，探求更多有关它的信息也一样是受到了人之本能的驱使。人们会推测掌握此信息具有选择价值。不过，好奇心太重可能会付出很高的代价。当涉及好奇心这种需要权衡取舍的事情时，找到

适当的平衡是获取智慧的关键。

有个因好奇心太重而引致麻烦的例子，就是一个大亨忍不住想知道他最后能否在航空业长期赚钱。对于此打算，不妨用一个老笑话来回答："你是如何成为百万富翁的？先成为亿万富翁，然后买下一家航空公司。"巴菲特开自己的玩笑说：他有一个免费电话号码，每当他产生投资航空公司的强烈冲动时，他就可以给该号码打电话，从而打消那个念头。好奇心也会导致投资者参与太多的活动，或促使企业主提供太多的产品和服务，但最后却一事无成。若公司创立者的好奇心过重，就可能会在业务上"走马灯"（即改变商业模式或业务类别），最终湮没无闻。然而，好奇心也会促使企业做出重大突破。在好奇心这样的事情上要达成良好的平衡，需要有推断力。

7. 康德式公平倾向

受过现代文明熏陶的人自己追求公平，同时也期望他人非常公平。

——查理·芒格，哈佛大学，2005年

对完美公平的渴望为制度的运行带来了大量严重的问题。有些制度应该被刻意设计成对个人不公平的样子，因为对大家而言，那样通常会更公平。

——查理·芒格，加州大学圣塔芭芭拉分校，2003年

容忍对一些人的少许不公平，以追求更广泛的公平，这是我向你们推荐的模型。

——查理·芒格，加州大学圣塔芭芭拉分校，2003年

人类往往会非理性地惩罚那些不公平的人。换句话说，若投资者觉得不公平，可能会做出非理性的反应。例如，有些人宁可自己投资亏本，也不愿意看到其他人利用不公平渔利。这一倾向还有另外一种表现方式，即人们有时会拒绝接受对个人不公平的制度，即使这个受到质疑的制度对某个群体或社会是最为有利的。芒格指出，美国海军有这样一条规定：一旦你犯下大错（比如你的军舰搁浅），即便不是你自身原因造成的，你的军旅生涯至此也就该画上句号了。芒格认为该规则有益于社会，因为它会激励海军军官确保这种情况不会发生，即使它对个人可能并不公平。然而，尽管它符

合逻辑，但由于受到公平直观判断法的影响，很多人还是难以接受。

8. 羡慕或嫉妒倾向

拜进化过程所赐，物种成员都希望获得常常处于稀缺状态的食物，这导致其一看到食物，就会产生想要得到它的强烈冲动。当食物被认为由同一物种的另一成员占有时，往往就会引发冲突，而且这种情况时常发生。这可能就是深藏于人类本性中的羡慕或嫉妒倾向的进化起源。

——**查理·芒格**，南加州大学，1994年

介意别人（比你）赚钱更快，这种想法是不可饶恕的罪行之一。嫉妒确实是很蠢的一种罪，因为它是你唯一可能永不可能从中得到任何乐趣的心理活动。它会带来很多痛苦，毫无乐趣可言。为什么你还会想要赶那趟车呢？

——**查理·芒格**，韦斯科金融公司年会，2003年

错失某些机会从来不会让我们烦恼。比你稍富一点儿的人有什么不对劲吗？担忧这种事是荒唐的。

——查理·芒格，韦斯科金融公司年会，2005 年

或许你那位典型的投资顾问并不同意这一事实：如果你富得心安理得，别人通过投资比你更快地致富，比如投资高风险的股票，那又怎样?! 总会有人比你富得快。这并非悲剧。

——查理·芒格，韦斯科金融公司年会，2000 年

噢，羡慕或嫉妒构成了十诫中的两项？你们之中有谁抚养过兄弟姐妹……或设法经营过一家律师事务所、投资银行，甚至当教员，就会了解什么是嫉妒。我听沃伦说过五六次："推动世界前进的不是贪婪，而是嫉妒。"

——查理·芒格，哈佛大学，1995 年

记住，（摩西）说过：你甚至不能觊觎邻居家的驴。

——查理·芒格，美国全国广播公司财经频道（CNBC）专访，2014 年

诚如你在上述一长串引述中所看到的那样，嫉妒的危险是芒格经常谈论的一个话题。芒格认为，嫉妒是一种影响巨大的情感，因为有史以来，生活环境恶劣，资源严重匮乏是常态。他认为，当看到有人拥有他们没有的物品时，这种非常原始的情感就会一触即发，这常常导致思想和行为的失常。嫉妒是一种旨在激励人们获得特质和财产的情感，而这种获得可以增强进化的适应性。现在，这个世界的资源相对不再那么匮乏，嫉妒已经失去了其大部分的价值。嫉妒不会再激发人们的情绪适应性，只会让人不开心。芒格对嫉妒的观点很简单：嫉妒没有任何好处。他认为，嫉妒完全是在浪费感情，人们应当竭力避免。

当羡慕他人的财富，自己不惜铤而走险时，因嫉妒而生的主要问题就显现出来了。股票市场不会仅仅因为你羡慕你的邻居刚买了一辆跑车而在下周就送你一辆同款跑车。各类推销者会跟你提到他人拥有的东西，意在刺激你依从他们的要求。直接跟嫉妒说"不"是最好的办法。

9. 回馈倾向

人类对善行与恶行自动给予回报的倾向长久以来都被视为极端。

——查理·芒格，哈佛大学，1995 年

罗伯特·恰尔迪尼教授曾指出："如果过去你做过助人实现目标的事情，他们就欠你的人情，自然也会帮助你。这就是互惠法则。"反之亦然，如果你做过对人不利的事，就会遭到报复。报答善意和报复恶意的冲动非常强烈，甚至如果有人对你笑，你就很难不回报以笑。人在接受礼物时会有受人恩惠的感觉，这往往使人感觉不舒服，直到他们偿还了这份人情债才会释然。以某种方式回馈，从而还清人情债，这种冲动如此强烈，比其在完全理性状态下付出的要多得多。换句话说，回馈的欲望往往导致不等价的交换。顺从专业人士已经学会将这种互惠原则为己所用。例如，印度教克利须那派在培训筹款的教徒时，要求他们募捐时得赠送"礼物"，比如一朵花。再比如，为吸引分时公寓的潜在购买者，销售人员会让他们免费住一个周末，就也是出于类似的考虑。投资推销者会赠送"免费"午餐，旨在希望出席活动的人能以极不对等的方式超额回馈他们。顺便说一句，享受了免费午餐，却没有上钩并且购买投资产品的人会被推销者鄙视，被他们称为"吃白食"。

10. 简单联想的影响倾向

想一想联想是如何起作用的，纯粹的联想。以可口可乐公司（我们是其第一大股东）为例。他们想让人一看到他们的产品就能联想到每一个精彩的瞬间：奥运会上的英雄壮举，美妙的音乐，或者其他你能说得出来的。但是他们不想让人联想到总统的葬礼之类的画面。

——查理·芒格，哈佛大学，1995 年

人类被设定成模式探寻者。他们寻找模式，以获得他们确信的能对做决策有所帮助的指导。例如，当一位知名演员在电视上为一家投资公司的服务代言时，很可能这位演员对

原则四 走出直观判断的误区

于投资一无所知；然而，人们之所以会做出积极的回应，往往是因为把这个演员与某些积极的事情联系在了一起，比如他或她的演技。可见，人们太容易受简单联想的误导了，而这会导致投资失误。除了"联想"这一必要条件外，该倾向与喜欢倾向相类似，但喜欢倾向在对我们喜欢之人的缺点视而不见方面更加严重。借助联想理论，顺从专业人士想方设法要让你做一些事情，比如购买金融服务，而理由仅仅是因为它被一位著名演员赞赏或使用过。因为顺从专业人士知道这是人类的弱点，广告商会斥巨资将他们的产品和服务与讨人喜欢的画面关联在一起。芒格认为，广告商希望消费者能像巴甫洛夫的狗那样对这些画面做出条件反射式的响应。例如，喜诗糖果（See's Candies）希望它的产品能让你回想起过去的美好时光。而且人们认为艾克米（Acme）订婚戒指在价值上无法与蒂芙尼（Tiffany）订婚戒指相提并论，这一点并不让人感到意外。然而，由名人代言的投资不应该影响你的投资决策。

联想也可能产生反作用，当某人被不公平地与并非由自己造成的令人不快的事情联系起来时，这种反作用就会表现出来。波斯信使综合征（也称"狙杀信使"）就是这样的例子。这种综合征的危害巨大，而且与生俱来，因为有些人的身边往往围绕着一些只说顺耳之言的人，被包围之人通常是企业高管或政治家，他们想听什么，周围的人就说什么。芒格指出，哥伦比亚广播公司（CBS）的比尔·佩利就是一个这样的典型，他把自己包裹在虚幻的"现实"中，从而导致事业上的重大挫败。

11. 单纯避免痛苦的心理倾向

即便不喜欢现实，也要承认现实。

——查理·芒格，伯克希尔·哈撒韦公司年会，2000 年

我们家的一位朋友有个儿子，他是一位超级运动员和超级学生，他从北大西洋中的航空母舰上起飞，再也没有回来。他的母亲是一位理智的女性，但就是怎么也不相信他已经死了。当然，如果你打开电视，就会发现，有些人明明就是罪犯，显而易见到用不着分析推断，可他们的母亲却认定自己的儿子是无辜的。这是单纯的心理否认。现实让人痛苦到难以忍受,所以,你只好使之扭曲,以便承受。在某种程度上,我们都会这样做,这是一种常见的心理误判,但会造成严重的问题。

——查理·芒格,哈佛大学,1995年

准备从中赚取佣金的人,或设法证明某个特殊行动方案可行的企业高管,他们的预测经常是谎言,虽然在大多数情况下这并非蓄意而为。这个人必须让自己相信自己说的话。而这正是最糟糕的。我们应谨慎对待预测,尤其是当提供预测的人在误导你的兴趣时,尤其要小心。

——查理·芒格,伯克希尔·哈撒韦公司年会,1995年

处理不好心理否认是致人破产的常见方式。

——查理·芒格,哈佛大学,1995年

人们讨厌听到坏消息,或任何与他们现有的观点和结论不一致的内容。因此,如果某些事情可能令人痛苦,人类的大脑就会开始行动,设法否认现实。心理学家丹尼尔·卡尼曼是诺贝尔奖获得者,他认为:"(人们甚至不想投入)最少

的精力去设法切实搞清楚他们做错了什么,此事并非偶然,而是因为他们就是不想知道。"例如,聪明的投资者理应知道,伯纳德·麦道夫的基金不可能产生正的现金流和惊人的稳定回报。月复一月,当麦道夫的投资者收到的财务报表显示利润为正,而且波动不大时,他们到底在想什么呢?麦道夫的投资者对此结果非常满意,以至于干脆扭曲现实。总之,看到麦道夫财务报表上的结果,投资者们非常高兴,于是进入了一种心理否认状态。有位教授写过一本论述人们为何容易受骗的学术专著,结果他竟然也是伯纳德·麦道夫庞氏骗局的投资者。

　　心理否认的例子经常在人们预测潜在投资时出现。说来奇怪,有时一个被编造得天花乱坠的故事,其背后的支持事实越少,某些投资者反而越信服。只有当确凿的事实开始显现时,这些人才开始怀疑这个故事。丹尼尔·卡尼曼指出了这一点:"回顾往事,再去讲理解某人生活的故事,那就太容易了。"这就是为什么卖空(short)所谓的利好股(story stock)特别危险的道理所在。芒格还引用过另外一个心理否认倾向发挥作用的例子,是关于喜爱数学之美的学者。相比散乱的统计学世界和不确定条件下的决策，具有确定性的数学逻辑（如三角、几何）更容易归纳。对这种数学之美的喜爱会导致这些学者忽视一个事实，那就是奠定他们数学基础的假设是有缺陷的。

12. 自视过高倾向

我们不喜欢复杂，我们不信任其他体系，认为它屡次导致错误的自信。你研究得越努力，信心就越足。但是，你正努力研究的东西可能是假的。

——查理·芒格，《寻求智慧》，2003年

人们往往对自己的能力估计过高。这是很多投资者的一个大问题，也是不要超越自己的能力圈（circle of competence）之所以重要的主要原因。本书反复强调的一点是：要知道自己在做什么，这是切实降低风险的最有效方法。若想成为名副其实的专家，部分在于要知道自己能力的边界在哪里。可惜，情况通常远非如此。丹尼尔·卡尼曼认

为:"信心是一种感觉,主要取决于故事的前后一致性和是否容易被人想起,即便故事的依据不多、不可靠,也不影响。对一致性的偏好过度自信表现出高度自信的人可能有个不错的故事,但它可能是真的,也可能不是。"

某调查显示,70%的学生说自己的领导能力高于平均水平,而只有2%的学生认为自己低于同龄人的平均水平。在评定运动技能方面,60%的学生认为自己高于中间值,只有6%的学生认为自己低于中间值。这种自视过高的倾向连公司也不能幸免,包括伯克希尔·哈撒韦的投资组合公司:

政府雇员保险公司(GEICO)认为,因为它赚了很多钱,所以无所不知。结果却亏损严重。他们需要做的就是停止做蠢事,回归好到不能再好的业务上去,而这就在他们的眼皮子底下。

——查理·芒格,南加州大学商学院,1994年

在阐述关于自视过高倾向的观点时,芒格指出,远超半数的瑞典司机认为自己的驾驶技术高于平均水平:

投资顾问让瑞典司机听起来像是抑郁症患者。公众对几乎每一位投资专家的评价都是：他高于平均水平，但没人理会与此相反的证据。

——查理·芒格，对基金会高级职员的演讲，1998 年

投资者都存在这种过度自信。2012 年，一家大型的基金集团发表了一项调查数据，表明其 91% 的主动投资者认为：来年他们会跑赢大盘，或至少跟市场回报持平。当然，这在数学上是根本不可能的。

13. 过度乐观倾向

公元前 4 世纪，狄摩西尼指出："人想要什么，就会相信什么。"在对发展前景和才能进行自我评价时，这是常态，正如狄摩西尼所预言的那样，人们过分乐观，已经到了可笑的地步。

——查理·芒格，《慈善》，1999 年

过度乐观还有一个邪恶的双胞胎,即"过度悲观",投资者的这两种情绪正是市场先生两极化的始作俑者。对于能做到合理乐观的人来说,好消息是这两种状态会相互转化,而且不可预知,无从避免,这就为格雷厄姆价值投资者带来了机会。当市场在两种状态之间来回转换时,保持理性乐观是非常困难的。只有少数人能成功做到。即使是穷其一生研究行为经济学的专家,也会备受过度乐观和过度悲观倾向的折磨。例如,诺贝尔奖获得者丹尼尔·卡尼曼写道:

我们的偏见之一就是我们可以忽略经验教训。编写某报告的一组人估计他们可以在一年内完成,即便其他团队编写类似的报告要花5年的时间……开始写本书时,我告诉《助推》(*Nudge*)的作者理查德·塞勒:我可以用18个月写完。他狂笑不已,说:"你写过这类东西,不是吗?它是不会如你所愿的。"我问道:"那你花了多长时间?""整整4年,而且很痛苦。"

如果有人毕生研究失常决策,到头来却没能逃出他所研究问题的魔掌,例如过度乐观,这只能说明这些倾向的影响力确实巨大。

14. 被剥夺超级反应倾向

被剥夺超级反应综合征给人们造成了很多损失。那是因为当人们蒙受损失或侥幸脱险时，其认知就会扭曲。

——查理·芒格，斯坦福大学法学院，1998 年

你的大脑不可能天生就知道，如何像泽克豪泽打桥牌时那样思考。例如，人对得与失的反应是不相称的。也许像泽克豪泽这样的桥牌高手能做到宠辱不惊，但那是训练有素的反应。

——查理·芒格，哈佛大学，1995 年

我是说，人们对于小幅的递减确实狂热……你正在亏损，或差一点儿就赚到了钱，极度的疯狂可能只是源于潜意识中对这些事情的重要性过于看重。

——查理·芒格，哈佛大学，1995 年

被剥夺超级反应倾向更常被人称为"损失厌恶"（loss aversion），它可以导致投资者的非理性举动：在面对赚钱的

可能时，非理性地规避风险；而在有可能赔钱时，反而非理性地冒险。换句话说，人们倾向于在谋取利益时过于保守，而在避免损失时又过于积极。关于这一倾向，有一点最为重要，需要我们牢记，它会导致投资者做出诸如过早卖掉股票和过长时间持有股票之类的事情。投资者捂着正在赔钱的股票，一心希望股价会莫名其妙地上涨，然后他们能莫名其妙地落个不赔不赚，这一幕太常见了。还有一个这种倾向发挥作用的例子，2007年金融危机后，股票大跌令许多投资者的心理倍受打击，这也导致他们完全错失了市场随后的反弹。

前景理论对金融最为重要的贡献之一就是提出了"损失厌恶"，对于大多数人来说，这一概念表示：与等量的获利相比，损失带给人的心理冲击更大。经验证据显示，我们的损失感大约是获利感的2~2.5倍。

——迈克尔·莫布森，《断言与厌恶》
（*Aver and Aversion*），2005年

赛马场上发生的事很好地说明了损失厌恶是如何导致行

为失常的。随着时间的推移，会有越来越多赌马的人为那些胜算率不高的马匹下注。之所以如此，是因为大多数人已经赔钱，而赔钱的原因是机会越来越有利于庄家，赛马场形势占优。由于损失厌恶心理的存在，人们越发想要放手一搏，借押注风险较大的马匹，以期挽回损失，或许在回家之前还能赚上一笔。

15. 社会认同倾向

  商业大亨会卷入社会认同的旋涡。还记得几年前一家石油公司收购了一家化肥公司，其他几家主要的石油公司都急忙行动起来，也分别收购了化肥公司的事吗？这些石油公司收购化肥公司并没有什么非常特别的理由，它们不知道自己到底在干什么，如果埃克森（Exxon）在做，那这件事对美孚就也会有好处，反之亦然。我认为现在不会有人再这样干了，那完全是一场灾难。

——查理·芒格，哈佛大学，1995 年

这让人想起本杰明·格雷厄姆的观察，即好主意比坏主意更容易造成更多的投资损失，这看似自相矛盾，其实很有道理。他说得对。我们很容易会把真正的好主意逼到乐极生悲的地步，就像佛罗里达地产泡沫，或"漂亮50"榜单中的公司股票一样。然后，再混合上一点儿（来自其他专家的）"社会证据"，大脑（包括我们自己的大脑）往往就成了一团糨糊。

——**查理·芒格，哈佛大学，1995年**

人天生就有从众的倾向。换句话说，因为人的时间有限，而且无法获得完整的信息，所以人们倾向于复制他人的行为。恰尔迪尼这样表述道："我们用来推断正确事物的方法，是发现其他人认为正确的事情。我们认为某件事更加正确……那是因为看到别人也这样做了。"

社会认同倾向是金融泡沫的一个主要原因。它常被欺诈者利用。例如，伯纳德·麦道夫就是这方面的高手，他利用社会认同倾向，让投资者乖乖地给他送钱。他想方设法地让人们知道他在替名人理财，而这些名人被认为是"消息灵通人士"。不无奇怪的是，人们倾向于跟投著名的投资者，即使这个名人并不是因其投资技巧而出名。学会忽略大众的动向并且进行独立思考，这是一种训练有素的反应。

芒格强烈支持在独立思考之后再进行投资。明智的做法是，在独立思考时，记住塞思·卡拉曼的观点，即格雷厄姆价值投资者是逆向投资者和精于计算之人的结合体。根据社会认同而随大流就意味着，跑赢大盘在数学上是不可能的。独立思考可以带来利用人们的从众倾向套利的机会。当看到投资机会对你非常有利，且众人也纷纷转向它时，有时反其道而行之，反而更有可能获利。当然如果只是逆向操作可能还不够，你还必须足够准确地计算出跑赢大盘的正收益量。

16. 对比误判反应倾向

由于人类的神经系统自身无法利用绝对的科学单位进行测量，因此人们必须依赖更为简单的方法进行感知。双眼有一种可限制其运算需求的解决办法——记录视觉对比。其他感觉的解决方法跟视觉大致相同。此外，认知也跟感觉有同样的运作方式。其结果就产生了人类的对比误判反应倾向。没有哪种心理倾向对正确思维造成的伤害比它更大。小损害不会伤筋动骨，比如有人花1 000美元买了一个定价过高的皮革仪表面板，可能仅仅是因为与他同时购买的6.5万美元的汽车相比，这个仪表面板的价格相对便宜。大损害往往会毁掉人生，比如，某位条件不错的女人答应嫁给某个男人，只是因为比起她差劲的父母，这个男人还算令人满意。或者某男子第二次娶妻，而这位妻子只有在与其第一任妻子相比时，人们对她的评价才会不错。

——查理·芒格，哈佛大学，1995年

芒格指出，房地产经纪人很会利用这种倾向，他们会让客户先看价格过高且没有吸引力的房源，这样等到他们再带客户看同样价格过高的其他房子时，客户买下来的可能性就会加大。换句话说，如果你的房地产经纪人开始带你去看条件差的房源，很可能是在设法诱导你买接下来要看的房子。任何人都不应该仅仅因为现在看到的资产好过刚刚看到或已经拥有的糟糕资产就轻易进行投资。同样，当你购买一种资产时，应该选择所有可选项中最好的去投资，无论它在什么地方。例如，股票Y比股票X更好，这一信息还不足以支持你做出投资Y的决策。股票Y是你所有可能的投资选项中最佳的那个选择吗？从"机会成本"的角度看世界是一个简单却常被人忽略的办法。

17. 压力影响倾向

此时，我最喜欢的例子是杰出的巴甫洛夫。他把所有的狗都关在笼子里，使它们全都习惯于已经改变了的行为方式，而列宁格勒发生了大洪水，大水径直袭来，这些狗却被关在笼子里出不来。你可以想象，狗承受的压力有多大。幸亏洪水及时退去，让巴甫洛夫来得及救活几条狗，但是他注意到，这些狗的性格已经与之前驯养形成的性格完全相反了。

——**查理·芒格，哈佛大学**，1995年

适当的压力确实可以提升个人的表现。然而，在过大

的压力下，人容易做出十分糟糕的决定。例如，通过在销售前景方面给人施加压力，具有高超的使人顺从技巧的销售人员会让人犯下重大的投资失误。此种销售方法有一个声名狼藉的案例，那就是分时度假公寓的销售。常常是一位态度友好的推销员与一位擅长施压的人串谋，这就是所谓的"一人唱红脸，一人唱白脸"的办法。我宁愿把煤渣砖砸到自己脚上，也不接受在周末时免费住在分时公寓里。请不要在压力之下做决定。就是这么简单。

18. 易得性误导倾向

应对这一倾向，只要记住一个简单法则：不能仅仅因为容易得到，就认为某个想法或事实的价值更高。

——**查理·芒格，哈佛大学**，1995 年

投资者倾向于根据他们轻易能回想起来的事情做出决定。事件、事实或现象越生动、越令人难忘，就越有可能为投资者决策所用，即使他们想起的并非是能用于决策的最佳

数据。例如，如果股票价格在最近的市场崩盘中大幅下跌，那么投资者往往就会不敢买进，尽管此时可能是购买的最佳时机。2002年就是购买股票的绝佳时机，但在互联网泡沫破灭后，人们对股市崩盘记忆犹新，以至于只有像芒格这样训练有素的人，才得以战胜这种倾向，抓住这个机会并收获丰厚的投资回报。

与之类似，如果某人最近通过创业公开获得了巨额的现金回报，其他得知该利好的人往往就会高估自己成功创业的概率。如果市场价格显著上升，人们也更有可能会购买股票。这种错估易于回想之事的心理倾向也是人们在看到其他普通人彩票中奖的新闻之后，即使明明知道中奖机会渺茫，也会受到吸引，跑去购买彩票的主要原因。彩票公司会把中奖者手持超大支票的照片分发给媒体，到处推广对这种倾向的喜好。

19. 不用就忘倾向

任何技能都会用进废退。20岁之前，我是一个微积分高手，之后，因为完全不用，这项本领很快就彻底消失了。

——查理·芒格，哈佛大学，1995年

　　这种倾向很容易理解，除非定期练习，否则一项技能就会退化。例如，开飞机不是一件你可以偶尔为之的事情。如果你不能像飞行员那样经常飞行，也就无法像飞行员一样驾驶飞机。同样，投资也不是你偶尔想做就能做的事情。在投资方面，太多的人把更多的时间花在挑选分析设备上，而非挑选投资项目或投资基金上，这既是生活现实，也是一种遗憾。要成为一名成功的投资者，一个人必须定期地投入必要的时间和精力。即使你曾经觉得自己很了解投资，也并不意味着你的技能现在依然适用。维持一个具有竞争优势的能力圈需要持续地努力和练习。正如2014年的一项研究结果所示：

　　我们发现，提高理财素养的措施只能解释理财行为研究中0.1%的变化量，而其在低收入样本中的影响更微弱。像其他教育一样，理财教育会随着时间的流逝，作用衰减；即便是指导时间很长的规模干预措施，在施行过后的20个月或更长时间之后，对行为的影响也会微不足道了。

——丹尼尔·费尔南德斯、约翰·林奇和
理查德·纳特迈耶，2014年

20. 化学物质错误影响倾向

我们都知道，有才华的人不是酗酒，就是吸毒，常常是二者兼有，从而毁掉自己的人生。

——查理·芒格，哈佛西湖学校，1986年

毁人者有三：毒品、酒和财务杠杆。

——查理·芒格，韦斯科金融公司年会，2009年

我年轻时有4个最要好的朋友，都属于那种智商很高、品行端正和风趣幽默的类型，本人和背景都很不错。其中两位很早就死了，酒精在其中起了决定性作用。第三位就是一个活酒鬼，如果你认为那也算是"活着"的话。虽然易受影响的程度因人而异，但通过一种微妙的过程，我们全都可能上瘾，在这个过程中，阻止人堕落的纽带轻微到令人到感觉

不到，直至使人成瘾的力量逐渐强大，挣脱所有的束缚。我活了60多年，还从没有见过什么人，由于过于害怕和想要避免走上这条通往自欺欺人的毁灭之路，而让自己过得更糟的。

——查理·芒格，哈佛西湖学校，1986年

人人都会犯错，但芒格一再强调，远离可卡因和海洛因这些真正的毒品至关重要。芒格曾打过一个比喻：如果你正顺河漂流，而河中确实存在着危险的漩涡，它们每天会吞噬很多人的生命，那么你就千万不能靠近这些漩涡。芒格还指出：酗酒是人生失败的主要原因。他对药物滥用的观点很简单：为什么要跟可能永远毁掉你人生的东西玩骰子？他在各种场合重复了无数次的一个忠告是：避免陷入弊大利小的处境（负可选性）。这与他的投资建议是相辅相成的：寻求利大弊小的投资（正可选性）。若此时伴有其他倾向，例如心理否认，就会妨碍人们得到所需的帮助，让有吸毒或酗酒问题的人情况更糟。毒品或酗酒问题可以很快形成一个自我强化的恶性循环，让人插翅难逃。

21. 衰老误导倾向

直到晚年,有些人仍然善于保持经过千锤百炼的老技能,正如人们在很多桥牌比赛中能够看到的那样……怀着愉悦的心情,不断思考和学习,多少对延缓不可避免的衰老有所助益。

——查理·芒格,哈佛大学,1995 年

如果你的遗传基因健康,并有意识地努力保持身心活跃,那么即便上了年纪,你也仍然能保持敏捷,芒格自己的生活就是对这一观点的有力支持。随着年龄的增长,在你所取得的成就中运气确实发挥了重要作用,但你没有任何借口不尽最大努力去好好利用你所拥有的这份运气。保持活跃是维持身心健康必不可少的。这里仅举一例,对芒格这样的人来说,没有什么比学习的乐趣更大,也没有什么比阅读更有助于学习。涉及健康的问题,千万不能消极应对。例如,芒格就从不被动地接受健康的恶化,面对可能会完全丧失视力的诊断结果,他开始学习盲文。身体因工作而损耗总好过因无所事事而锈蚀。

22. 权威误导倾向

有正、副驾驶各一位。正驾驶是权威人物。他们并不是在飞机上做的这项试验,而是在模拟器上操作。他们让正驾驶做一些操作,而副驾驶在模拟器上已经训练了很长时间,因此他知道正驾驶这样做是不会导致飞机失事的;他们又让正驾驶做一些连白痴副驾驶都知道会导致飞机失事的操作,但在正驾驶做这些操作的时候,副驾驶只是坐在那里,对此无动于衷,因为正驾驶是权威人物。在这种情况下,飞机失事的比例高达25%。我的意思是说,这是一种非常有影响力的心理倾向。

——**查理·芒格,哈佛大学**,1995年

人们倾向于追随他们认为的权威人士,尤其是在面对风险、不确定性或无知的时候,更是如此。恰尔迪尼教授是这样描述权威倾向的:"当人们不确定时……他们不会反求诸己,他们所看到的全是含糊不清和自己所缺乏的信心。相反,人们会更看重能减少不确定性的外部信息来源。他们首

先要找的就是权威。"顺从专业人士已经学会在开始影响他人之前，先对外传递他们的权威性。例如，他们会谈论自己的专业水平以及获得过的奖励和成就。甚至他们会谈论自己是多么富有，或提及其他认可他们专业水平的权威人士。恰尔迪尼教授指出，专业人士的头衔、昂贵的服装和专业人士的装扮往往能有效地传递权威性。迈克尔·莫布森指出："给人留下更权威印象的人实际上更容易令人信服。人们更乐意对穿着条纹西装、使用PPT（演示文稿）的人言听计从。"在著名的米尔格拉姆实验中，受试者要听从指示，对实验中的其他人实施电击，因为发号施令的人穿着实验室的白大褂，看上去像是权威人士。可叹的是，在有些投资者的眼里，那种穿华服、开豪车的股票推销者似乎更像权威人士。仅仅因为所谓的道德权威，那些声称其投资符合道德标准的教会人员，就能消除人们相当明显的道德顾虑。

23. 废话倾向

显然，如果一家公司获得了高额的资本回报，并以高回报率再次投资，其结果自然不错。但这无益于卖书，所以，书中会写很多闲言赘语，并介绍一些模糊且没有多大价值的概念。

——查理·芒格，韦斯科金融公司年会，2000年

我认为，可交易普通股的流动性是资本主义的一大贡献者，这种观点基本上是胡说八道。流动性带给我们的是疯狂的繁荣，因此，它跟美德一样存在许多问题。

——查理·芒格，伯克希尔·哈撒韦公司年会，2004年

废话（twaddle）的定义很简单：愚蠢或不真实的演讲或作品，或一派胡言。瞎扯（prattle）的定义同样简单：用愚蠢的方式说话。芒格的意思是人们往往在毫无意义的活动上消耗了大量的时间。为了说明这一点，他以蜜蜂为例：蜜蜂知道鲜花就在蜂巢的正上方，却没有办法利用舞动信号传递这一信息。尽管没有传达任何信息，蜜蜂仍会用无意义的方式舞动着。

对于自己并不真正理解的问题，有些人总是自以为是地进行解答，我尽量对这种人敬而远之。对我来说，他们就像是胡乱舞动的蜜蜂，只会让蜂巢一团糟。

——查理·芒格，韦斯科金融公司会议记录，1998年

就像头顶上就有鲜花的蜜蜂一样，很多专家在面对自己一无所知的情况时，还是会令人感觉云山雾罩，信口雌黄。在芒格看来，人们往往将废话和瞎扯与那些重要且有价值的信息混淆。更有甚者，很多人还会付费去听咨询师和顾问的废话和空谈。当然，最难发现的是你正在给自己讲一些废话，因为你最容易愚弄的人始终是自己。

24. 重视理由倾向

重视理由的倾向非常强烈，以至于就算有人给出的理由毫无意义或不正确，还是会提高人们对其命令或要求的顺从程度。这在心理学实验中已经得到证实，顺从专家成功地挤到复印机前等待复印的队列前头，而他们给出的理由仅仅

是："我得复印几份材料。"重视理由倾向的这种不如人意的副产品属于条件反射，它立足于对理由重要性的普遍欣赏。自然，列出各种令人眼花缭乱的理由，大多被商业组织和邪教组织内的"顺从专家"所利用，以帮助他们得到不应得到的东西。

——查理·芒格，哈佛大学，1995年

顺从专业人士知道，如果给人以行动的理由，即使理由是荒谬的，他们也能更成功地说服此人做出不利于自身利益的事情。例如，推销虚假投资的骗子会让电话营销员对着事先编好的台词照本宣科，这些脚本列出了很多理由，旨在让人按照他们的要求买进欺诈产品，例如促销的低价股。销售人员已经学会如何提高成交率：他们给买方一个虚假的理由，让对方感觉到如果再等久一点儿，就会失去购买的机会。诈骗高手可能会说："你应该买下这个低价的金矿股，因为印度正值结婚旺季"，或"南非的天气一直很差，这对美国金矿来说是个利好消息"。另一个例子就是对股价走势图

原则四　走出直观判断的误区

中毫无意义的形态赋予一个名称，比如"死叉"①。就连乞丐都知道要把他们需要钱的理由写在纸板上。即使有人给了你一个做蠢事的理由，蠢事还是蠢事，无法变成聪明之举。下面的故事可能会帮助读者理解这一点：

某天，有一位华尔街的分析师和他的客户一起去看赛马，这位客户是一个股票投机者。投机者提议他们在一匹马上下注5 000美元。分析师解释说，他要研究每一匹马，只有在做了认真地分析后才能下注。"你也太理论化了吧。"投机者说完就离开下注去了。

---

① 金叉指由一根短期均线从下方向上穿越长期均线，这两根均线方向均朝上，则此均线组合为"均线金叉"，反之为"均线死叉"。一般金叉为买进信号，死叉为卖出信号。特别需要注意的是均线交叉之后的两根均线的方向，如果不是一致朝上的或者朝下的，那就是普通的均线交叉，而不是"金叉"或"死叉"。——译者注

刚巧，那匹马跑了头名。投机者得意扬扬地大声说："我告诉过你。我有秘方！"分析师问："什么秘方？"

"很简单。我有两个孩子，分别是两岁和六岁。我把他们的年龄加起来，我下注9号。"

分析师反驳道："可是，2加6不是等于8吗？"

经纪人回答说："我告诉过你，你太理论化了！"

25. 聚沙成塔倾向

在决策是否投资某家公司的普通股票时，通常涉及一大堆相互作用的因素……最麻烦的是，当你把一连串因素组合起来时，就会产生聚沙成塔效应。

——查理·芒格，哈佛大学，1995年

聚沙成塔倾向是指最大程度地综合利用各种心理倾向，以利于某种特定结果的产生。芒格认为，本书之前所述的所有倾向、力量和现象都可以相互影响，自我强化，从而使得整体互动的影响超过各部分叠加的总和。芒格称这一过程为

"聚沙成塔"。因为聚沙成塔涉及反馈，其影响在本质上可能是非线性的和不可预知的。芒格曾指出，聚沙成塔的影响要远远超过相互作用的元素简单叠加之后的能量总和。芒格将它形容为类似于"核爆"。为什么无法确定无疑地预测聚沙成塔？原因在于需要一定的临界质量①。换句话说，产生聚沙成塔的过程要么像核反应那样达到临界质量，要么永远不会显现。

芒格指出了大量的聚沙成塔实例。在他看来，2007年的金融危机就是"一次聚沙成塔事件，是众多因素的聚合；这就是复杂系统的运作方式"。芒格说，长期资本管理公司（Long-Term Capital Management）的亏损倒闭就是一次聚沙成塔事件。他认为互联网泡沫的兴衰也是聚沙成塔现象。另一个例子是特百惠聚会，在聚会上，该公司利用社会证据倾向、喜欢或热爱倾向以及其他倾向，诱导人们购买产品。芒格写过一篇有关可口可乐品牌影响力的文章，称其巨大的品

---

① 临界质量（critical mass）是指维持核连锁反应所需的裂变材料质量，不同的可裂变材料受核子性质（如裂变横切面）、物料形状、纯度、是否被中子反射物料包围等因素影响而产生不同的临界质量。——译者注

牌价值是聚沙成塔现象的结果。公开叫价拍卖则又是一个聚沙成塔的例子：

> 哎，公开叫价拍卖就是把大脑变成一团糨糊：你已经得到了社会证据，另一个家伙正在出价，你产生了回馈倾向，你还会得被剥夺超级反应综合征，而那件物品即将被拍走……我的意思是，这绝对只是为了操纵他人，让他们做出愚蠢的行为。
>
> ——查理·芒格，哈佛大学，1995年

在慈善拍卖会上，拍卖师出于慈善目的使用的一些技巧，同样可以被犯罪分子用来说服人们投资骗局。对于这些公开叫价拍卖，巴菲特的建议很简单："别去。"

聚沙成塔本质上无所谓好坏。有时，聚沙成塔效应还可以被用于慈善目的。

> 匿名戒酒会的方法：其他一切都失败了，不是还有50%的戒酒成功率吗？这是一个非常聪明的系统，一次使用了4~5种心理系统，我觉得取得了非常好的结果。
>
> ——查理·芒格，哈佛大学，1995年

原则四 走出直观判断的误区

不过，芒格也认为，匿名戒酒会用来帮助酗酒者的力量也会被邪教用来作恶。例如，查尔斯·曼森和其他邪教头目学会了通过聚沙成塔的方法操控他人。显然，伯纳德·麦道夫利用了多种自我强化的倾向，比如社会证据以及羡慕或嫉妒倾向，以激励参与庞氏骗局的受害者。芒格认为，通过将各种心理倾向结合在一起，"文鲜明统一教"（Moonie）成员实现了"改宗"。聚沙成塔也有积极的一面，芒格以巴菲特的投资记录为例，认为它就是聚沙成塔效应的积极例证。

方向一致的因素聚合在一起，造就了沃伦的成功。聚沙成塔效应不太可能源自其他原因。

——查理·芒格，韦斯科金融公司年会，2007年

我希望阅读本书将有助于你产生属于自己的积极的聚沙成塔效应。

原则五

眼光放长远

我们的体系从长远看表现更好。
▷ 查理·芒格

在《巴菲特传》一书中，罗杰·洛温斯坦指出：巴菲特的天赋"很大程度上在于其性格，比如耐心、守纪和理性……他的才华源于其无与伦比的独立思考，以及与世界'隔绝'，只专注工作的能力"。查理·芒格亦是如此。作为投资者，他们俩都是非凡之人。世上只有一个查理·芒格，也只有一个沃伦·巴菲特。作为一般投资者，你无须拥有与这两位长期的合作伙伴完全相同的特质，但独立和专注也是提高你的投资技巧的重要因素。你可以在阅读、思考、学习、避免犯错和能够推动你走向成功的各种个人特质方面提升自己。

本章指出了几项特质，它们是属于成功投资者的"正确素质"，多年来深受芒格肯定。虽然他几乎能肯定地感受到其他特质也很重要，但本章所讨论的特质是他谈论最为广泛，也最为最津津乐道的部分。他坦承，就像其他人一样，他也要跟这些特质做斗争。没有人是完美的，包括芒格。因此，我并不打算表达"尽管去做"这样的潜台词，因为在日常生活中做到这些事情实在是太难了。

1. 耐心等待时机

成功意味着要非常有耐心，但当时机来临时，则要积极进取。

——查理·芒格，伯克希尔·哈撒韦公司年会，2004年

如果总能（找到令人满意的投资），那就太棒了。可惜现实并非如此。

——查理·芒格，伯克希尔·哈撒韦公司年会，2005年

我们没有感受到想要转变的强烈欲望。我们心甘情愿地

等待着好事来临。在某些时期，我们寻找投资对象的时间长得要命。

——查理·芒格，伯克希尔·哈撒韦公司年会，2001年

耐心与机会的结合是非常美好的。我的祖父教导我，机会不常有，但当它来临时，一定要做好准备并且抓住它。伯克希尔·哈撒韦公司就是这样做的。

——查理·芒格，韦斯科金融公司年会，2011年

当情况明了时，我们俩都十分倾向于抓紧行动。

——查理·芒格，美国全国广播公司财经频道专访，2014年

当市场先生感到害怕时，你可以用远低于非公开市场价值的价格购买一项资产的概率就会显著增加。然而，芒格认为，预测出此等美事何时会发生是不可能的。相反，他的做法是关注当下发生的事情，等待低价买进的机会出现。因此，格雷厄姆价值投资者必须要有耐心。这一点可能很难做到，因为人们倾向于认为活跃程度与价值有某种程度的关联。"别只是坐在那里，做点儿什么。"对格雷厄姆价值投资者来说，这恰恰是错误的建议。

巴菲特表示，股票市场旨在实现将钱"从活跃之人到有耐心之人"之间的转移。如果你有耐心、理性，而且遵从格雷厄姆价值投资体系，市场先生就必然会给你送上丰厚的礼物。你无法预测这何时会发生，但你一定可以耐心地等到礼物送达你的手中。从这个意义上说，格雷厄姆价值投资体系是一个基于探索的方法，而不是基于预测的方法。

芒格讲过一个故事，有一位年轻人曾经问他如何才能致富。他是这样描述那次对话的：

我们常常听到富有进取心的年轻人问这些问题。这是一个非常聪明的问题：你看着某个有钱但有点儿老的家伙，问道："我如何才能变成你这样，只不过要更快一些？"

——**查理·芒格，韦斯科金融公司年会，2003 年**

芒格建议的方法是日复一日地与耐心"一决高下"，并为偶一为之的快速出击做好准备。平时能沉得住气的人，之后就会有少数几次机会可以赚得盆满钵满，这是芒格在美国军队中打德州扑克时养成的思路。芒格将自己投资上的成功大都归功于他花在打德州扑克和桥牌上的时间。

正确的思考方式就是像泽克豪泽打桥牌时那样。就这么简单。

——查理·芒格，哈佛大学法学院，1995 年

从根本上讲，投资只不过是一种下赌注的形式。不过，至关重要的是，赌注的投入是按照投资（净现值为正）的方式，而非按赌博（净现值为负）的方式进行。正如我前面所讲，投资是一种运用概率的活动，所以其他概率博弈的经验可能会对投资有所助益。哈佛大学教授理查德·泽克豪泽是一位桥牌高手，他指出：

桥牌需要在近乎不可知情况下不断地评估可能性，一局之内，选手需要做数百次决断，还要常常权衡可能的得与失。但好的决定也可能会造成坏的结果，这既包括自己的决定，也包括搭档的决定，选手对此必须一直保持心平气和。如果想在一个不可知的世界里进行明智的投资，这种坦然接受的能力就是必不可少的。

——**理查德·泽克豪泽**，2006 年

巴菲特认为，桥牌与投资之间有很多共同点。每一手牌都不相同，但过去发生的事情是有意义的。在投资方面，你必须推断每次的出价或出牌以及尚未打出的牌。此外，如打桥牌一样，你如果有一个精通牌技的合作伙伴，自己的人际交往能力也较强，就会因此受益。在玩牌和投资时，掌握概率与统计学是至关重要的。芒格说得很直接：

如果在你的技能组合里没有给基本概率留一席之地，那你就会像参加踢屁股比赛的独腿男一样度过漫长的一生。

——查理·芒格，南加州大学商学院，1995年

2. 自律

我们有个共同的投资纪律，那就是等待好打的慢球。如果我有机会进入企业，但在那里我会被人用基准衡量，并被迫全身心投入，还要时刻保持战战兢兢，等等，那我就会感到非常反感。我会把这一切视为枷锁。

——**查理·芒格，伯克希尔·哈撒韦公司年度会议，2003年**

我们俩几乎每天都会坐在那里思考,并且已经坚持了很长时间。这在美国商界是非常罕见的。我们进行阅读和思考,所以,和企业中的大多数人相比,沃伦和我阅读及思考的较多,做的较少。

——查理·芒格,《吉普林个人理财》,2005年

你需要有耐心、守纪以及即使遭受损失和身处逆境也不会疯掉的能力。

——查理·芒格,《吉普林个人理财》,2005年

为了不因单纯追求活跃而做蠢事,我们有很大的灵活性和一定的纪律,纪律就是为了避免你仅仅因为无法忍受无所作为而做出任何该死的事情。

——查理·芒格,韦斯科金融公司年会,2000年

我认为,很多人是有可能过上这样一种生活的:遭遇灾难的风险不是很大,并且几乎肯定能够取得合理程度的成功。这需要大量的推断和自律,还要避免过度活跃。通

过这种方法，我认为，最聪明的人能规避生活中的大量风险。

——查理·芒格，韦斯科金融公司年会，2002年

格雷厄姆价值投资者需要自律。在情感上，随波逐流要比逆势而动更易被人接受。此外，很多投资者很难做到什么也不做。人们往往认为投资的活跃肯定有额外的好处，但很肯定的是，这是绝对不会有的。与此种倾向抗争可能会获得较大的回报，但因为相关的税金、费用和开支的存在，过度活跃可能也会导致不利的后果。

罗伯特·哈格斯特朗在《巴菲特之道》中写道："沃伦·巴菲特和大多数投资者之间的区别更多的与自律有关，而非其他品质。"此话同样适用于芒格，毫无疑问，它是一种训练有素的反应，如果你不用，它就会退化。霍华德·马克斯也赞同守纪的重要性：

备青睐的资产是那种每个人都认为会不停升值的资产，唯有强烈的价值意识才能给你带来从此类资产上获利所需的自律，或者给予你即便身处价格每天都在下跌的危机中，也

能保持持有和低于均价买进的胆量。当然，若想在这方面有利可图，你对价值的估量必须精准。

——霍华德·马克斯，《投资最重要的事》①
（*The Most Important Thing*），2011年

在其他人身上寻找真正自律的迹象有助于你做出明智的决策。例如，如果你拜访一家自称是格雷厄姆价值投资者的资金管理公司，而你分辨不出是开市还是闭市，那么这就是一个好的迹象。投机者会把活跃与生产力或成功相联系，而格雷厄姆价值投资者则将自律状态下的不活跃与成功相关联。

3. 沉着冷静，但要勇敢且果断

我认为，手中持有股票，却不焦不躁，养成这种素质值得称道。

——**查理·芒格，伯克希尔·哈撒韦公司年会**，2003年

---

① 《投资最重要的事》由中信出版社于2012年7月出版。——编者注

我们比其他人烦恼得要早得多。由于很早就感到焦虑，我们少赚了很多钱。但这就是我们的做事方式，而你必须接受它。

——查理·芒格，韦斯科金融公司年会，2001年

如果你不愿意沉着应对一个世纪内发生两到三次市价下跌50%的情况，你就不适合投资普通股，而与那些能够对市场波动保持沉着冷静的人相比，你就只能得到中等成绩。

——查理·芒格，英国广播公司专访，2010年

如果你想致富，你就需要几个相当好的创意，而且确实明白自己在做什么。然后你必须要有勇气坚持下去，承受跌宕起伏。这并不是很复杂，而且还很老套。

——查理·芒格，《每日新闻》会议，2013年

你会有一些机会因发现定价过低而获利。确实有人不会把所有价格都定成市场能轻易承受的最高水平。一旦你明白了这个道理，倘若再有勇气坚守自己的信念的话，那就像是在大街上捡钱一样了。

——查理·芒格，南加州大学商学院，1994年

一旦看到机会，伯克希尔·哈撒韦公司就会迅速行动，快到让人吃惊。你不能束手束脚，这一条对于生活的所有方面都适用。

——查理·芒格，韦斯科金融公司年会，2011年

格雷厄姆价值投资者要想取得成功，勇气是不可或缺的品质。如果你想超越大盘，数学研究表明你一定不能随波逐流。对于大多数人来说，特立独行需要勇气。如果你不想做一个勇者，或不相信自己有能力在压力下保持勇气，你就应该购买收费低的指数基金和交易所交易基金的投资组合。想要因勇气而获利，通常手头必须持有一些现金。当危机袭来，有可用的现金在手同样需要勇气，因为看着市场上涨，很难坐拥现金无动于衷。人类有避免错失机会的冲动，这种冲动力量之强大，会促使投资者采取行动，从而陷入致命的股市泡沫。

如果你是格雷厄姆价值投资者，你的最佳时机就是其他投资者和投机者的最差时机。约翰·坦普尔顿曾这样说："在别人垂头丧气卖出的时候买进，在别人兴高采烈买进的时候

卖出，这需要鼓起最大的勇气，但也会获得最大的回报。"

对任何投资者而言，市场回报总是起伏不定的，股票市场尤其如此。股价下跌是不可避免的，而恰恰就在那时，人们往往开始恐慌，想要抛售。芒格一生经历过数次这种情况，所以，在这一点上，他可不是在瞎猜。

芒格建议投资者要有耐心，但一旦发现合适的机会，就要积极果断。他认为，如此一来，投资者就会比很多专业人士更具优势。虽然对特定的投资来说，专业人士可能掌握的信息质量更高，而且更及时，但他们也承受着必须做点儿什么的巨大压力，即便此时他们最好的选择是什么也不做。举一个这种特质起作用的例子，2009年的第一季度，当大多数人仍对金融危机心有余悸时，芒格却从账户中取出剩余的现金，全部买进银行股。他选择的入场时机恰到好处。他一直耐心地等待，一看到自己想要的机会出现，就果断而积极地出手了。

我们只是将钱投进去。无须什么新奇的想法。这是40年一遇的良机。你必须在能力、知识和进取精神之间寻求适当的平衡。能力太强却没有进取心，不是什么好事。如果对自己的能力圈认识不清，太强烈的进取心反而会要了你的命。但你对自己的知识边界了解越多，进取心就越有价值。对多数专业的基金经理人来说，若要供4个孩子读大学，不管收入为40万美元、100万美元还是多少，你最不关心的一件事情就是是否有进取心。你关心的是生存，而你的生存方式就是不做任何会让你与众不同的事情。

——查理·芒格，贾森·茨威格的专访，2014年

4. 聪明理智，但不能被高智商误导

很多高智商的人是很差劲的投资者，因为他们的性情很糟糕。

——查理·芒格，《吉普林个人理财》，2005年

你需要对事情发生的原因有深厚的兴趣。经过长年累月的积累，这种性情会逐渐提升你关注现实的能力。如果没有这种性情，即便智商很高，你还是注定会失败。

——查理·芒格，伯克希尔·哈撒韦公司年会，2002年

智商很高的人可能毫无用处，这类人中的很多人都是这样。

——**查理·芒格，韦斯科金融公司年会，2010年**

要想成为成功的主动投资者，智商高于常人是一个先决条件。巴菲特认为这至少需要125分的智商。不过，巴菲特也说过："如果你的智商超过120分或130分，多余的你可以送人。要成为成功的投资者，你不需要绝顶聪明。"当然，125分的智商已经高于平均水平，因此，一定的智力水平还是必需的。有关阿尔伯特·爱因斯坦的一个老笑话就说明了智商与投资之间的关系：爱因斯坦去世后来到天堂，却被告知还没有给他准备好房间。负责接待新人的天使告诉他："我希望你不会介意在集体宿舍里住一段时间。我很抱歉，但这是目前我们力所能及的最好安排。"

天使带着爱因斯坦去见他的室友，天使说："这是你的第一位室友。她的智商为180分！"

"这太好了！"爱因斯坦惊叹道，"我们可以讨论数学！"

然后，天使说："这是你的第二位室友。他的智商是150分！"

"哎呀，这太好了。"爱因斯坦答道，"我们可以讨论物理！"

最后，天使说："这是你的第三位室友。他的智商是100分！"

"好极了！"爱因斯坦说，"你认为利率会是什么走向？"

聪明之人也免不了犯错。可惜，很高的智商往往和超越大盘的投资结果呈负相关性。换句话说，智商一旦超过某一个点，再高的话实际上就反而成了麻烦。一个人把自己看得越聪明，就越有可能招惹麻烦，做出诸如试图预测不可预测之事的行为。由于过度自信，智商高的人犯的错误其实要多于比其智商低30分的人。把你的智商想得比实际的略低一点儿，或许真的有利于提高你的投资收益。

事实令人遗憾，此领域的智力和经验未必会转移至彼领域。更重要的是，智商测试无法评估一个人是否理性。有的人智商很高，但不是很理性。一个高智商的人可能并未掌握完善的技能，如推断和决策。出于这些原因，在其能力圈之外，当碰到经验丰富的推销者或顺从专业人士时，高智商的人往往容易上当受骗。因为这个原因，医生和律师往往成为诈骗分子下手的目标。简单来说,对心脏病或遗产规划的精通并不会让你精于投资。虽然是过度自信导致了投资业绩不佳,而并非由于高智商,但高智商可能会导致过度自信。通过小心谨慎地做事,比如不超越自己的能力圈,高智商对于投资者来说不失为一大优势,就像芒格那样。

5. 诚实守信

你在一个地方的行为表现会在以后给你带来意想不到的帮助。

——查理·芒格,《查理·芒格传》,2000年

一般而言,在伯克希尔·哈撒韦公司能够发挥影响力的地方,我们会尽量善待那些没有影响力并且依赖我们的少数投资者。你可能会说:"难道他们不是有道德的好人吗?"我们做过很多善事,因而受到好评,但我不认为这是因为我们早就知道做正确的事情会让我们博得好名声,尽管这确实对我们有效。我的朋友彼得·考夫曼说:"如果恶棍们真的知道

荣誉多么有用,他们就会去追求它了。"它确实十分有用。人们一直都在跟伯克希尔·哈撒韦公司签约,因为他们相信,在我们有影响力而他们没有的领域,我们会运作得更好。关于这一主题有一个古老的说法,实际上讲的是道德理论:"拥有暴君的力量是一件大好事,但像暴君一样使用它就大错特错了。"这个观念就是这么简单,却又正确无比。

——查理·芒格,伯克希尔·哈撒韦公司年会,2011年

我们认为,在你应该做的事情和你能做且不至于官司缠身的事情之间,应该有很大的空间。我认为你不可以靠近那条线。

——查理·芒格,韦斯科金融公司年会,2004年

我们更多的是因为讲道德而赚到了额外的钱。本杰明·富兰克林的说法适合我们。他没有说诚实是最佳品行,他说那是最佳策略。

——查理·芒格,韦斯科金融公司年会,2004年

你的内心应该有一个罗盘。这样,你就会知道哪些事情是即使完全合法也不能做的。这就是我们尽力运作的方式。

——查理·芒格,韦斯科金融公司年会,2004年

在投资和生活中，性格的影响至关重要。芒格认为，诚实不仅仅是按照道德标准做正确的事，还是能产生最大财务回报的方法。当企业中的人聚在一起时，他们诚实相待，因此互相信任，这种信任会带来效率的提升，进而提高企业的财务回报。芒格还说，跟任何非法的、不诚实的或不道德的事情保持一个安全的距离是非常重要的。在诸如诚实等问题的危险边缘走钢丝是不明智的。在论及教人诚信这一主题时，芒格认为，现实生活中的例子往往最能说明问题。给芒格最多指引的人是他的偶像本杰明·富兰克林：

没有理由只寻找活生生的榜样……有些最好的榜样已经去世很久了。

——查理·芒格，伯克希尔·哈撒韦公司年会，2000年

6. 自信并消除意识形态

要对自己的推断培养起正确的自信。

——查理·芒格，韦斯科金融公司年会，2002年

原则五　眼光放长远

> 在胆量方面我是黑带高手，并且天生如此。
>
> ——查理·芒格，加利福尼亚大学圣塔芭芭拉，2003年

> 不愚弄自己是你可能拥有的最棒的性格之一。因为太过罕见，所以，它的影响巨大。
>
> ——查理·芒格，韦斯科金融公司年会，2002年

芒格证明，人一方面可能会对自己的信念和技能抱有信心，另一方面又仍然高度注意自己容易出错的地方。意识到自己的局限性，在做重要决定时不超越自己的能力圈，并且避免做太难的决定，这样自然会更有信心。假自信有多危险，真自信就有多珍贵。了解这两类自信之间的差别具有莫大的价值。金融作家摩根·豪泽尔有句话十分精辟："知识与谦虚之间有很强的相关性。"谦虚是能力圈这类概念的核心，它总是在寻找证据，证明你或其他人的主张是错的。你可以胆量很大，但犯了错也应当主动承认。真正谦虚的人是很少犯错误的。意识形态的色彩太重很危险，芒格强烈地认同这种观点。他说过，强烈的意识形态可能是最极端的失常行为之一。

如果年轻时你就形成了强烈的意识形态，并开始不断加深对它的认知，那就等于是将自己的大脑固化在了一个非常不恰当的模式之中。你就会扭曲自己的一般认知。

——**查理·芒格**，韦斯科金融公司年会，1998年

意识形态带来的主要问题是：在遇到难题时，你会停止思考。定期研究自己最好的想法，然后进行拆分，寻找其中的缺陷，芒格认为这种方法可以实现自我的提升，如果你是一位狂热宣传某种理念的人，那么，这一切就很难做到。

7. 眼光放长远

我们的体系从长远看表现更好。

——**查理·芒格**，伯克希尔·哈撒韦公司年会，2006年

几乎所有的优秀企业做的都是"今日付出，明日收获"的事情。

——**查理·芒格**，伯克希尔·哈撒韦公司年会，2001年

人类是在这样的环境中进化的：更多的是在想如何熬过一天甚至下一顿饭，而这不是在以一种更有价值的方式利用时间。今天，人类生活在一个与之前迥然相异的环境中，很难做到延迟满足。詹姆斯·蒙泰尔对此问题有很好的描述：

倒数第二个障碍是目光短浅（如果你恰巧是一个高手的话，你会叫它"双曲贴现"）。它反映了这样一种观点：结果都是后发生的，因此，它们发生在越遥远的未来，往往对我们当前选择的影响就越小。这可以概括为："及时行乐，明天我们说不定就死了。"当然，这忽略了一个事实：对任何一天而言，我们无法顺利熬到明天这件事，其出错的可能性大约是对的 2.6 万倍。或者如果你喜欢的话，这种对短视的偏爱可以用圣奥古斯丁的恳求来概括："主啊，让我保持贞洁吧，但不是现在。"

——詹姆斯·蒙泰尔，《Q 金融》（*Q Finance*），2009 年

芒格意识到，当你刚刚起步或从头再来时，很难有什么长远的眼光。因此，他曾经说过：积累"10 万美元的第一桶金很不容易"。所以，你有充分的理由努力工作，积

攒下一定的财务储备。濒临破产的日子不只是无趣,还很不利。

从长远看,复利的力量会越来越明显。可惜,了解复利的力量并非人类的自然状态;然而,它却是一项关键任务。

了解了复利的力量和获得它的困难,也就掌握了很多事情的核心和灵魂。

——查理·芒格,《穷查理宝典》,2005年

许多并非与金融直接相关的东西也会复合。技能、人际关系和生活的其他方面都会复合,并让那些明智地投入时间和金钱去培养它们的人从中受益。

8. 充满激情

激情或天生的能力,哪一个最重要?在伯克希尔·哈撒韦公司里,满是对自己的事业特别有激情的人。我认为激情比智力更重要。

——查理·芒格,伯克希尔·哈撒韦公司年会,2003年

如果不了解激情与成功之间的联系，你就不会注意到激情对投资、经营或人生成功的重要性。为了实现目标，那些充满激情的人往往工作更努力，投入也更多。有激情的人阅读和思考的也更多，而且往往比其他不那么有激情的人多了一个信息优势。基于种种原因，如果你没有激情，却与充满激情的人一起玩零和博弈，你取得成功的概率就会大幅降低。与激情有关的一个奥秘是：你不大可能对你不懂的事情充满激情。在通常情况下，你对某个主题的激情程度会随着时间的推移而提升。对某些主题越了解，你就越充满激情。只对立即能让人产生激情的东西抱有激情是大错特错的。缓慢启动之后，生活中某些最能让人乐在其中的激情会以非线性的方式递增。

9. 用功读书

从别人的错误中吸取经验教训更令人愉快。

——查理·芒格，伯克希尔·哈撒韦公司年会，2012年

在我的一生当中，我还不知道有哪个智者不是时时在阅读的（且领域十分宽广），没有，一个也没有。要是知道沃伦读了多少书，我又读了多少书，你会很惊讶的。

——查理·芒格，伯克希尔·哈撒韦公司年会，2004 年

通过贪婪地阅读而成为终身自学者；培养好奇心，争取每天都更聪明一点儿。

——查理·芒格，《穷查理宝典》，2005 年

你必须从让你感到兴奋的地方开始下功夫。

——查理·芒格，伯克希尔·哈撒韦公司年会，2013 年

（收购喜诗糖果的）主要贡献是去除了无知。如果不……善于去除无知，今天也就没有我们的事了。在收购喜诗时，我们蠢得很，只是还没有傻到没有买下它。对伯克希尔·哈撒韦公司来说，最好的事情是我们去除了大量的无知。好事是我们仍然不了解很多东西……另一个诀窍是在你的错误之中学会拼凑，这非常有用。我们有一家肯定要失败的百货商场，一家势必要关门的赠品优惠券公司，还有一家纺织厂。

因为它们，伯克希尔·哈撒韦公司诞生了。设想要是我们的起点比这更好，我们会怎么做。

——查理·芒格，伯克希尔·哈撒韦公司年会，2014年

芒格是菲利普·费希尔投资方式及理念的信徒。费希尔是加利福尼亚州一位成功的投资者，他写了一本很有影响的书，叫作《怎样选择成长股》(Common Stocks and Uncommon Profits)，第一版印于1958年。这些理念之一是：成功的投资者通常天性对企业问题感兴趣。正是由于这个原因，本杰明·格雷厄姆说：投资的最佳方法就是务实。意思是，要了解股票，你就必须理解企业是格雷厄姆价值投资体系的基础。为此，像费希尔和芒格这样的投资者会发展一种能打听"小道消息"的人际关系网，以帮助他们了解更多的企业信息。他们发现，只要保证自己的话不会被引述，行业内的人在说起竞争对手时都会畅所欲言。巴菲特也在使用同样的方法：

有时候，我会到外面跟客户、供应商交谈，也许还有前雇员。基本上是所有人。每当我对某个行业感兴趣时，比如

煤炭行业，我就会四处走动，看看各家煤矿公司的情况。我会问每一位首席执行官一个问题："如果只能买一家公司的股票，但不是自己的公司，你会买哪家，为什么？"把他们的回答拼在一起，一段时间后，你就了解了这个行业。

——**沃伦·巴菲特，佛罗里达大学**，1998年

若绝大多数错误都是由他人所犯，生活就会愉快得多。毕竟，光是自己犯下的错就已经够多了。谨慎地从他人的错误中吸取教训可以加快学习过程。没有什么比阅读更能让你间接地了解更多其他人所犯的错了。

10. 寻找益友

就算是爱因斯坦也不会单打独斗地进行研究。但他从未参加过大型会议。任何人都需要有能够交流的同事。

——**查理·芒格，韦斯科金融公司年会**，2010年

生活中在认知方面有很好的表现，却认为没有什么值得信赖的人可以交流，这种人我几乎没有听说过。如果没人

可以交流，爱因斯坦也无法获得他所取得的成就。不需要很多，但肯定需要一些。因为要设法使人信服，你就会组织自己的想法。它是整个过程中不可或缺的一部分。如果与你交流的是几位居于山林的隐士，那可能不会有什么好的收获。

——查理·芒格，美国全国广播公司财经频道专访，2014年

有一个好办法可以避免错误，甚至还有可能增加胜算，那就是找一个人，把你的决定告诉他，并征求他的意见。巴菲特和芒格有能力彼此这样做，事实证明这种方法十分有价值。巴菲特称他的搭档是"爱唱反调的可恶之人"，因为他对某项特定投资的回答常常是"不行"。虽然你可能没有像芒格这样一个投资伙伴作为同事，但身边也会有一群你信得过的，且在各个领域富有经验的人，可以说，他们是无价之宝。在2013年致股东的信中，巴菲特特意提及：因为没有找芒格商量，他在某项重要的收购上损失巨大。巴菲特说：那次经历实在惨痛，希望自己再也不会那样做了。就在这次的股东大会上，巴菲特还建议，下一任伯克希尔·哈撒韦公司的首席执行官也应该考虑找一位（或多位）像芒格这样的

人做同事。找到生活中可以助你一臂之力的同事并非一件毫不费力就能自然实现的事。就像没有人会自愿当导师一样，很少有人自愿成为别人的同事。

11. 性情健全

具备某种性情比有头脑更重要。你需要控制住原始的非理性的情绪。

——查理·芒格，《吉普林个人理财》，2005 年

沃伦和我并非奇才。我们不能蒙上眼睛下棋或成为钢琴演奏家。但我们的成绩斐然，因为我们在性情上占优势，这足以弥补我们在智商上的不足。

——查理·芒格，贾森·茨威格专访，2014 年

对格雷厄姆价值投资者而言，对具体事件和生活的其他方面做出情绪反应比智力更重要。人生难免跌宕起伏，不同的人会产生不同的情绪反应，芒格通常称这种情绪反应为"性情"，而不同投资者之间在性情上更是千差万别。如果不

具备适于投资的性情,即便遵循格雷厄姆价值投资体系的原则,有些投资者也可能失败。一个人在性情上的适合程度是综合了他们天生的能力,以及在此基础上下了多少功夫所形成的。巴菲特曾经说:"独立思考,情绪稳定,洞察人类行为和组织行为,这对取得长期投资的成功至关重要。"最出色的投资者是性情冷静和理性的人。

有些人的确不具备适合进行投资的性情。无论后天怎样培养也解决不了这个问题。没错,有些人似乎天生就具备一系列特质,他们生来就能利用这个体系,但这些人则必须终其一生不断努力,以免深受其性情某个方面的功能失调之害。至于其他大多数人,只要不断地努力工作,就能成为合格的格雷厄姆价值投资者。正如人类社会的许多方面一样,一个人的长处有时也会成为这个人的弱点。在生活的方方面面,每个人都有可能因为情绪和心理上的失误而让自己犯错。在《安全边际》一书中,塞思·卡拉曼如此写道:"不成功的投资者易受情绪控制。对于市场波动,他们的情绪反应或是贪婪或是恐惧,而不是冷静和理性。"

芒格认为,投资者的成就高低取决于他们怎样控制失常的冲动，而这种冲动能够压垮其他的投资者。正如先前所述，不可能人人跑赢大盘。无论如何，其他投资者的失误为格雷厄姆价值投资者提供了机会。电脑和软件的使用是格雷厄姆价值投资体系的一个非常重要的新方法，它将人类的情感完全排除在流程之外。这些机器学习系统能够识别符合格雷厄姆价值投资原则的模式，而这些原则是跑赢大盘的公司所共有的。因为这个过程通过计算机算法自动运行，人的情绪就被排除在了选股流程之外。虽然巴菲特和芒格并不使用机器学习，但它完全符合他们的原则。软件彻底改变了每一个行业，若以为投资行业是个例外，那就大错特错了。

若要弄清楚你是否具备适合格雷厄姆价值投资体系的性情，最好的办法大概就是认真写下你的投资决策。这样的记录有助于你避免成为心理否认的受害者。如果审视你的投资表现记录，你或许会意识到你还是更适合当一个指数投资者。当周围所有人（包括市场先生）都失去理智时，你仍能保持清醒的头脑，那你就具备了格雷厄姆价值投资体系所需要的性情。即便得出你天生就不适合做格雷厄姆价值投资者的结论也并非悲剧。恰好相反，如果性情不对，却还想方设法要成为一位主动投资者，那才是悲剧。

12. 勤俭节约

我们没有被仆人包围着的一群（经理人）。伯克希尔·哈撒韦公司的总部就是一间很小的套房。

——查理·芒格，韦斯科金融公司年会，2004年

如果将投资普通股票的资金，减去每年2%的投资管理成本和零散的交易成本，这笔钱比公司发放的股东红利还要多……这非常适合写进《爱丽丝梦游仙境》（*Alice in Wonderland*）里——支付一定数量的股东红利，并向投资经理人和顾问支付相同的金额。

——查理·芒格，韦斯科金融公司年会，2004年

莫扎特……一辈子寅吃卯粮，会让你的日子苦不堪言。

——查理·芒格，韦斯科金融公司年会，2007年

以其身家而言，芒格是相当节俭的，尤其表现在运营和投资费用上，这一点跟他的偶像本杰明·富兰克林和搭档巴菲特如出一辙。除了"省下一分钱等于有了两分钱"这句格言外，本杰明·富兰克林还写道："致富之路跟通向市场的道路一样平坦。它主要取决于两个字：'勤'和'俭'。也就是说，既不能浪费时间，也不能浪费金钱，而是要充分利用两者。离开了勤俭，什么事情都做不成，有了它们，什么事情都能做成。"其他格雷厄姆价值投资者对节俭的重视程度与此类似。沃尔特·施洛斯开了一家投资公司，但他的节俭是出了名的，他在另外一家投资公司租了一个房间，作为自己公司的办公室。我猜测，在格雷厄姆价值投资者身上看到的节俭，部分源于他们对机会成本和复利力量的理解。很自然，他们会将今日消费的价值与明日更大的消费价值加以比较，因而促使自己做到节俭。

13. 规避风险

用（一只股票的）波动作为衡量风险的标准简直是胡

扯。对于我们来说，风险有二：资本的永久损失，或回报不足。某些优秀的企业收入起伏很大，例如，喜诗糖果通常每年会有两个季度赔钱，而有些糟糕的企业反而业绩稳定。

——查理·芒格，伯克希尔·哈撒韦公司年会，1997年

这是一个十分稳健的地方。我们比其他大多数地方更经得起灾难的折腾。我们并没有像其他人那样费力地推动它前进。我不想回到起点［像大富翁游戏中的Go（"走"）一样］。我已走过了起点了……我们很多的股东将他们的大部分资本净值放在伯克希尔·哈撒韦公司，他们也不想回到起点。

——查理·芒格，韦斯科金融公司年会，2001年

你很容易就能看出伯克希尔·哈撒韦公司是如何规避风险的。首先，我们努力运作，以免让理性的人担心我们的账面余额。在做到了这一点之后，我们又会像整个世界突然不喜欢我们有余钱一样地做事，甚至好几个月，我们都注意不到这一点，因为我们的流动性很强。在整个伯克希尔·哈撒韦公司，这种双重的风险防范就像呼吸一样自然。它只是文化的一部分。

——查理·芒格，伯克希尔·哈撒韦公司年会，2008年

上述引文清楚地表明，风险不像某些人宣称的那样，可以完全用市场上投资品的价格波动来衡量，对此，芒格深信不疑。波动性当然是一类风险。例如，如果你将要退休或到了要交纳学费的时候，波动性就是你必须要面对的一类风险，但不是唯一的风险。为什么投资经理人会试图将波动性等同于风险，而不是只将其视为一种重要的风险呢？很多基金经理人希望你相信"波动性等于风险"，那是因为波动是他们的主要风险，如果股价下跌，投资者就会舍弃他们的服务。这些基金经理人也喜欢将风险等同于波动性，因为这会给投资者留下一个印象，那就是风险是可以被准确量化的，而这有助于证明他们收费的正当性。风险不可能完全用数字来表达。那么，为什么学者也设法将风险等同于波动性呢？芒格认为，发生这种情况的原因在于：第一，它让他们的数字很漂亮，即使它与现实没有多大的关系；第二，它可以为基金管理公司的资金带来利润丰厚的顾问合同。纳西姆·塔勒布等人曾著书，记录有缺陷的风险管理是如何导致一场又一场的危机的。有时，投资者会讲这样一个故事：外科医生、会计和某家银行的风险经理，正在争论谁的职业历史最悠久。外科医生说："上帝用亚当的肋骨造出了夏娃。很明显，外科手术出现得最早。"

会计不同意，说道："在那之前，上帝赋予混沌以秩序，从而创造了宇宙。最早的应该是会计。"

风险经理此时插进话来。"我已经打败你们两个了。"她说，"回答我的这个问题。创造混沌的是谁？"

说到最恰当地表述风险定义的文章，巴菲特于1993年致伯克希尔·哈撒韦公司股东的信值得一读。巴菲特指出：风险产生于你不了解自己正在做什么。投资者应该见了风险"望而却步"，而不是"迎难而上"。巴菲特用下面这个故事阐明了应对风险的最好办法：

每两年我就会参加一个非正式小组，大家聚在一起开心地玩乐，并且探讨几个方面的问题。去年9月，会场选在了圣达菲的主教别墅度假酒店（Bishop's Lodge），我们邀请波仙珠宝（Borsheim）的管理天才艾克·弗里德曼前来为我们介绍珠宝和珠宝行业。艾克决定让我们这群人开开眼界，所以他从奥马哈带去了价值2 000万美元的华丽首饰。我有点儿惴惴不安，主教别墅酒店可不是军事基地诺克斯堡，在他演讲前一天的开幕晚宴上，我向艾克表达了这一担心。艾克把我拉到一边。"看到那个保险箱了吗？"他说，"今天下午我们改了密码组合，现在就算是酒店的高层管理人员也不知道密码是什么。"我略微松了口气。艾克继续说道："看到那两个在臀部别着枪的壮汉了吗？他们会整夜守着保险箱的。"我刚要准备重新入席，艾克便凑过来，吐露了秘密："更何况，沃伦，珠宝根本就不在保险箱里。"

——**沃伦·巴菲特**，1989 年
伯克希尔·哈撒韦公司致股东的信，1990 年

原则六

抓住变化的本质

做几笔极好的投资,然后静观其变。
▷ 查理·芒格

由于格雷厄姆投资体系的基本原则已经被讨论过了，现在该是讨论投资者如何形成自己的风格，却又不失格雷厄姆价值投资者身份的时候了。你会想起本书讲述的原则、正确的素质和可变因素框架，而格雷厄姆价值投资者的风格差异就叫"可变因素"。

可变因素之一：确定企业恰当的内在价值

伯克希尔·哈撒韦公司的《股东手册》中有对"内在价值"的定义，如下所示：

不妨把内在价值简单地定义为：企业在剩余存续期内可取的现金折现值。不过，内在价值的计算并非如此简单。如我们的定义所示，内在价值是一个估计值，而非一个确切的数字，另外，如果利率变动或未来现金流的预期被修正，这个估计值就将必须随之改变。

——沃伦·巴菲特，伯克希尔·哈撒韦公司
《股东手册》，2014年

由于可从企业流出的现金并非年金，并且要基于大量不可能被确切预测的基本因素，所以，确定企业的价值实乃一门艺术，而非科学。在确定企业内在价值的方式上，几乎每个投资者都略有不同，这在本质上没什么不妥。因此，最好把内在价值看成某个区间，而不是一个确切的数字。

有些企业的内在价值比较容易计算，有些企业的内在价值则让价值投资者不知从何算起。芒格甚至不会对每个企业都做评估：

我们没有可以估算所有企业正确价值的系统。我们几乎将全部企业归入"太难"那一堆，只筛选几个简单的来做。

——查理·芒格，伯克希尔·哈撒韦公司年会，2007年

在理想情况下，确定企业内在价值的计算过程很容易，芒格只需心算就能做到。虽然更多智力平平的人需要使用计算器才能完成相同的数学运算，但芒格关于力求简单和显而易见的结果的观点，仍然适用于真正的格雷厄姆价值投资者。如果芒格确定企业估值太难，他就会直截了当地说："我放弃"。这是一个很有效却未能被充分利用的理念。若用棒球作比，芒格和巴菲特最喜欢的一点是：作为投资者，不需要每一球都挥棒。

很多过分自信之人的倾向恰恰与芒格划归"太难"的方法相反。换句话说，高智商的人往往很享受解决估价难题的机会，认为他们会因足够的心智技能而得到高额的回报。但实际情况是，在试图解决难题时，造成损失的是情绪和心理问题，而非智力上的不足。难题就是难题，饱含犯错的机会。

当流程简单时，确定企业价值才能做到最好，也最可靠。即便在流程相对简单的案例中，格雷厄姆价值投资者也必须记住一点：估值过程本来就不精确。价值投资者完全可以接受一个不精确的估值，因为格雷厄姆价值投资者寻找的是一个非常宽裕的安全边际，没有必要进行精确的计算。一个不错的例子就是，服务生很容易就能推断出某位老顾客是否超过了法定饮酒年龄。同样的道理，有些企业的内在价值显然也提供了必要的安全边际。

巴菲特和芒格承认，他们在内在价值的定义上并不完全一致。巴菲特认为：

内在价值极其重要，但又十分模糊。在评估内在价值时，面对相同的一系列事实，两个人几乎不可避免地会得出不同的数字，至少是略有不同，查理和我的情况甚至也是如此。

——沃伦·巴菲特，伯克希尔·哈撒韦公司年会，2003年

定义足够模糊，真正聪明且有经验的投资者甚至可以心算。

我听沃伦谈过所谓折现现金流量。不过从未见他算过一回。

——查理·芒格，《沃伦·巴菲特如是说》，2007年

原则六　抓住变化的本质

在1994年伯克希尔·哈撒韦公司"董事长的信"中，巴菲特写道："内在价值是一个数字，但无法精确计算，必须估计……尽管模糊不清，不过，内在价值非常重要，它是评估投资和企业相对吸引力的唯一符合逻辑的方式。"虽然估值的看法和做法存在一些细节差异，但大体上是一致的。估值可不是格雷厄姆价值投资者一路拼凑出来的东西。在迈克尔·普赖斯看来："内在价值是商人在进行了充分的尽职调查并得到银行大额的授信额度之后，为了完全掌控一家企业而愿意支付的价格。对我来说，最重要的指标是完全控制地位的交易价位，而不是市场交易的价位，或相对于类似其他（企业）股票的交易价位。"

一些具备某些特点的企业却是芒格碰都不会碰的：

有两类企业：第一种赚12%，你可以在年底取出。第二种也赚12%，但所有多余的现金必须再次投入经营，永远不会有现金。它让我想起某个家伙，他看着自己所有的设备说："那就是我所有的利润。"我们讨厌这种企业。

——查理·芒格，伯克希尔·哈撒韦公司年会，2003年

芒格和巴菲特在为企业估值时，是从他们所谓的"所有者盈余"开始入手的。所有者盈余的定义为：净收入＋折旧＋损耗＋摊销－资本支出－额外营运资金。在此方法中，伯克希尔·哈撒韦公司利用所有者盈余，把维持企业股本回报率所需的资本支出纳入考量。对于如何计算所有者盈余，本书在附录《伯克希尔·哈撒韦的计算方法》中给出了更为完整的解释。

所有者盈余不是一个典型的估值指标。其他格雷厄姆价值投资者可能会用不同的标准计算价值，比如息税前利润（EBIT）。例如，在《股市稳赚》（The Little Book that Beats the Market）一书中，格林布拉特就认为息税前利润中的"折旧"部分可以被视为"资本支出"的代表，言下之意，似乎用"资本开支"替换"折旧"是更好的方法。

巴菲特对成长性在确定企业价值中的重要性有自己的看法，并与芒格的方法相呼应：

成长性一直是价值计算公式中的一项，它构成了一个可变因素，其重要性可能微不足道，也可能巨大无比，其影响可能是消极的，也可能是积极的……只有在对企业的投资可以产生不断增值的诱人回报时，换言之，只有为增长所花的每一分钱都能创造超过一分钱的长期市场价值时，成长才会让投资者受益。如果是需要持续增加投入却回报甚微的企业，它的成长就会伤害投资者。

——**沃伦·巴菲特**，1992年
伯克希尔·哈撒韦公司致股东的信，1993年

与采取和每一位格雷厄姆价值投资者相同的方式进行计算相比，单个投资者在内心对于内在价值的定义能否保持一致，才更为重要。正如即将解释的那样，当投资者耐心观察投资价格在一段时间内的上下波动时，内在价值是其最终分析的参考点。在做估值分析时，像芒格这样的格雷厄姆价值投资者是非常保守的。

可变因素之二：确定适当的安全边际

安全边际是一个简单的概念，不同的投资者会有不同的应用方式。有些投资者喜欢拥有一个比他人大得多的安全边

际。例如，某位格雷厄姆价值投资者可能需要25%的安全边际，而另外一位可能需要40%。当然，由于内在价值概念本身并不精确，安全边际的计算自然也是不精确的。芒格和巴菲特喜欢比较大的安全边际，以至于不需要任何的数学计算，只凭心算即可。当然，巴菲特和芒格做的心算比普通人在计算器上做的计算还要多，但仍不失偏颇。芒格希望涉及投资评估的计算要简单明确，一目了然。对此，比尔·盖茨有自己的评论：

擅长计算未必就能成为优秀的投资者。沃伦不是因为比较擅长计算概率而胜过其他投资者的。完全不是。如果做与不做的差别要依赖于计算到小数点后的第二位数才能获得，沃伦从来不做这样的投资。除非机会好到令人难以置信，否则，他是不会投资的，也就是不挥棒。

——**比尔·盖茨，《财富》**，1996年

很多人错误地认为购买一家优质公司的股票就可以高枕无忧了。目标公司可能是一家业务很有吸引力的优质公司，但这还不够，你为每股支付的价格才是最重要的。像脸书、

耐克甚至伯克希尔·哈撒韦这样的公司，可能是收入和利润都很丰厚的重要企业，但它们的业务可能并不值天价。霍华德·马克斯的话一语中的：

大多数投资者认为质量才是推断风险的决定因素，而不是价格。但优质资产也可能会有风险，而低质资产反而可能是安全的。这不过是支付价格的问题……于是，高涨的舆论不只造成了低回报的可能，同时也是高风险的来源。

——霍华德·马克斯，《投资最重要的事》，2011年

同样，一家公司的股价从以前的高位上跌落，也并不代表你就可以放心购买这只股票。换句话说，从安全边际的角度看，特定公司偏离其几年前的价值未必就表示购买这只股票是安全的。

在描述巴菲特的导师本杰明·格雷厄姆时，芒格曾这样介绍安全边际的概念：

格雷厄姆还有一个私人所有价值的概念，即如果整个企业可以出售的话，它的卖价会是多少。在许多情况下，这是可以计算的。然后，如果你拿股价乘以股数，得到的数值

是整体售价的 1/3 或更低，那么格雷厄姆会说你占了很大的优势。即便是一个由老酒鬼经营的欲振乏力的企业，只要你能得到高于每股价格实际价值的大幅增长，那就意味着各种好事都会发生在你的身上。按他的说法，拥有巨大的超额价值，你也就有了一个巨大的安全边际。

——查理·芒格，南加州大学商学院，1994 年

虽然内在价值和安全边际的计算并不精确，甚至是模糊的，但它们仍旧是格雷厄姆价值投资体系中的关键任务。正如詹姆斯·蒙泰尔所写：

估值是金融当中最接近万有引力定律的东西。它是长期回报的主要决定因素。然而，投资的目的（一般）不是按照公允价值买进，而是在一定的安全边际下购买。这反映了对公允价值的估计只是一种估算，数字并不精确，所以，安全边际提供了非常必要的缓冲，以缓和错误和不幸带来的冲击。若投资者违反（这一原则），在不具备安全边际的情况下投资，他们就有可能面临资本永久损失的风险。

——詹姆斯·蒙泰尔，《永恒的投资七律》，2011 年

投资的黄金法则：没有什么资产（或战略）好到你不用顾及价格就要去投资。

——詹姆斯·蒙泰尔，《GMO资产管理公司信件》（*GMO Letter*），2013年12月

可变因素之三：明确投资者能力圈的范围

我们必须处理自己能够理解的事情。

——查理·芒格，英国广播公司专访，2009年

我们宁愿处理自己能理解的事情。我们为什么要在自己没有优势或许还有劣势的领域与他人竞争，而不是在我们有明显优势的领域与他人角力呢？你们每个人都要弄清楚自己的才能所在。你必须利用自己的优势。但如果你试图在自己最不擅长的方面取得成功，你的职业生涯必将一塌糊涂。我几乎可以保证会是这样。要不然，你早就会买到一张中奖的彩票，或在别的领域很幸运地有所收获了。

——查理·芒格，斯坦福大学法学院，1998年

我认为了解自己的能力并非难事。如果你身高158厘米，那就别提打职业篮球联赛的事了。如果你已经是92岁的高龄，就不要再期待担任好莱坞浪漫爱情片的主角了。若你的体重是159公斤，你就不可能在波修瓦（Bolshoi）芭蕾舞团担任首席舞者……能力是一个相对的概念。

——查理·芒格，伯克希尔·哈撒韦公司年会，2014年

我其实比较擅长确定自己力有未逮的程度，然后径直绕开它就好了！我更喜欢反向思考这个问题。我们的平均成功率不错，这可能是因为我们的能力比自认为的略高一点儿。

——查理·芒格，美国全国广播公司财经频道专访，2014年

了解自己的能力局限很有价值。风险资本家弗雷德·威尔逊认为："你取胜的唯一途径就是知道自己擅长什么，不擅长什么，并坚持做你擅长的事情。"芒格同样认为，超出自己能力圈的投资者很容易就会发现自己陷入了大麻烦之中。在能力圈之内，投资者的专业能力和知识会让他们在评估投资价值时占据优势，打败市场。

能力圈背后的理念非常简单，简单到让人几乎不好意思

大声说出来：不知道自己在做什么比清楚地知道自己在做什么风险更大。还能再怎么简单呢？不过，人类往往不会按照这个理念行事。例如，在推销石油行业科技公司的有限合伙资格或其证券的推销员眼里，原本聪明的医生或牙医反而更容易成为他们的猎物。

芒格曾指出，即使是世界上最优秀的投资者，也会在互联网泡沫期间走到自己的能力圈之外：

> 看到别人在科技行业赚大钱却没有自己的份儿，索罗斯受不了了，结果反而把自己弄死了。
>
> ——查理·芒格，伯克希尔·哈撒韦公司年会，2000年

芒格说，能力圈这种方法就是一种机会成本分析：

> 沃伦和我只看我们有核心竞争力的行业和公司。每个人都要这样做。你的时间和才能有限，必须聪明地加以分配。
>
> ——查理·芒格，韦斯科金融公司年会，2011年

当然，专业化的价值在此也会发挥作用。芒格如此形容它：

沃伦和我有一些可以很容易地传授给他人的技能。这些技能之一就是知道自己能力的边界。如果你不知道边界，那它就不算是一种能力。沃伦和我擅长叫停百分之百的蠢事。光是致力于消除典型的错误，我们就让很多更有天赋和更勤奋的人望尘莫及。

——查理·芒格，《斯坦福法学家》
（*Stanford Lawyer*），2009 年

芒格有一系列用来避免错误的方法。芒格喜欢打这样一个比方：他想知道自己会死在哪里，这样就可以有意避开，不去那里。他的朋友和投资者李录描述过这种方法：

查理在思考事情时，会先从相反方向开始。想要了解如何过上幸福的生活，查理就会先去研究可能使生活惨不忍睹的做法；想要调查企业如何做大做强，查理就会首先研究企业的衰败和倒闭；大多数人更关心如何在股市中取得成功，但查理最关心的问题是为什么大部分人没有在股市里赚到钱。

——李录，《中国企业家》
（*China Entrepreneur*），2010 年

利用这种方法，芒格正努力将其投资限制在自己有明显优势的领域，而不是一些略知皮毛的领域。为了说明这一点，过去他曾谈到过一个人，此人"设法垄断了鞋扣市场，这个市场真的很小，但他掌控了一切"。在一个非常有限的领域赚取可观的利润是有可能的，比如鞋扣市场，只不过它是能力圈非常狭小却取得成功的一个极端案例。希望你能力圈范围内的那个领域要比鞋扣市场大得多。然而，如果你试图将自己的能力圈拓展得太大，那么就可能会产生灾难性的后果。李录曾写到芒格是如何向他描述这一点的：

能够从生活中获得的真正深刻的见解，其数量仍旧是非常有限的，因此，正确决策必定限于你的"能力圈"之内。没有清晰边界的"能力"不能称为真正的能力。

——李录，《中国企业家》，2010年

能力圈的边界一旦确定，接下来的挑战就是不能逾越这些边界。留在能力圈之内显然在理论上不是什么难事，但在实践中，多数人难以做到。当投资者遇到能说会道的老练推销者时，更有可能出现失误。在这种情况下，迥异于智商的情商就变得至关重要了。人类喜欢听故事，因为故事能打消人们的怀疑。在金融史上，最重大的诈骗案的主角都是一些讲故事的高手，比如伯纳德·麦道夫和肯尼思·莱。故事会让人停止怀疑，可这种状态对任何人的投资过程都是有害的。

太多的投资者将熟悉和能力混为一谈。例如，一个人乘坐飞机的次数很多，并不代表他非常了解航空业，更不意味着这个人可以成为投资该行业的投资者。经常浏览脸书并不会让你有投资新创立的社交媒体公司的资格。如果仅仅是使用某公司的产品或服务，而没有深入研究该公司的业务，你就不应该投资那家公司。

那些知道如何守在自己能力圈范围内的人，有一些是伯克希尔·哈撒韦集团子公司的首席执行官。在巴菲特看来，内布拉斯加家具大卖场（Furniture Mart）的罗丝·布朗金（Rose Blumkin）就很清楚自己的能力范围：

> 如果你在她的能力圈之外两英寸[①]的地方晃来晃去，她

[①] 1英寸≈0.254米。——编者注

甚至连提都不会提起。她确切地知道自己擅长什么,她不想在这些事上欺骗自己。

——沃伦·巴菲特,《滚雪球》,2008 年

了解自己能力圈的边界极为重要。芒格认为它的答案应该是显而易见的:

如果你有能力,差不多也就知道了它的界限在哪里。问(你是否越过了界限)这个问题也就等于有了答案。

——查理·芒格,伯克希尔·哈撒韦公司年会,2002 年

巴菲特曾经说过,事实上,了解自己能力圈的界限可能要比知道这个圈的大小更为重要。如果你只在某些点上有能力,那么即便只停留在那些点上,你也可以做得很不错。芒格就此说过:

很多事情我们都放过了。你们必须寻找一个特别有优势的领域,并且专注于它。

——查理·芒格,韦斯科金融公司年会,2002 年

关键是，投资者要持续地把精力放在避免犯错上。如果有人试图推销给你的东西，令你很难做出决定，你就可以选择干脆地拒绝。若你能找到容易做决定的投资，为什么还要做不容易决策的投资呢？借助能力圈做筛选，芒格尽量只在他有绝对优势的时候投资。否则，他就什么都不想做（而多数人很难做到这一点）。

我们不涉足高科技企业，原因在于我们在该领域特别缺乏天资。没错，科技含量低的企业可能也十分困难。那就试着开一家餐馆，并让它红火起来吧……致富为什么就应该轻而易举？在竞争激烈的世界，致富捷径是不可能存在的。

——查理·芒格，韦斯科金融公司会议，1998年

芒格和巴菲特都说，他们对于科技类行业中的企业的了解，不足以支持他们成为技术投资者。他们觉得自己无法预测技术驱动型企业的所有者盈余，5年都没办法做到，更别说几十年了。但每家企业都会采用科技手段，因此，芒格和巴菲特并没有将它们完全排除在自己的能力圈之外。

芒格不愿意投资科技行业事出有因，这可以追溯到他年

轻的时候，他曾因为跨出了自己的能力圈而导致了失误。在其投资生涯的初期，芒格收购了一家制造仪器的公司，这让他第一次品尝到了投资科技企业的苦果。先是他的首席科学家被一位风险投资人挖走了，之后，磁带产品推向市场，使得该企业的业绩雪上加霜。用芒格自己的话说，整个体验几近让他"倾家荡产"。

巴菲特和我不觉得我们在高科技领域拥有较大的优势。事实上，我们感觉在理解软件、电脑芯片等技术的发展本质方面具有很大的劣势。所以，基于个人的不足，我们往往会对这些敬而远之。此外，那是一个非常、非常强大的理念。每个人都有一个能力圈。要扩大那个圈子非常困难。如果音乐是文明的衡量标准，而我又不得不靠当音乐家来谋生，我甚至想象不出自己会被划归到多低的档次。

——查理·芒格，南加州大学商学院，1994 年

芒格不投资科技公司只是他个人的决定，并不意味着科技行业不合适能力圈中拥有技术的其他人。

不确定性很高，加之创新的速度大大加快，因此，科技

向人们提出了新的挑战。巴菲特说过："如果公司所属的行业变化迅速，那么预测它们的长期经营状况就已经远远超出了我们的能力界限。"通过留心自己在科技领域的能力范围，投资者就可以应对这种变化。例如，很了解绘图芯片技术的人未必很了解无线数据传输技术。若是不这样想，那就是在玩命。就像克林特·伊斯特伍德在电影《警探哈里》(*Dirty Harry*)中所问的："你得问自己一个问题：'我觉得自己的运气好吗？'那么，你的运气好吗？"

可变因素之四：决定每种证券各买多少

我们的投资风格被人称为"集中投资"，意思是集中持有10只股票，而不是100只或400只。我们的集中投资多少有所增加，但真正增多的是不加限制地利用顾问，让他们就资产配置提供咨询意见，以及分析其他顾问的意见等。

——**查理·芒格，韦斯科金融公司年会**，2010年除了抱怨顾问及其收费，芒格还说，分散投资法对他没有吸引力。有些格雷厄姆价值投资者选择进行分散投资，而像芒格这类的人走的则是集中化的路子。投资者既可采用集中投资组合策略，也可采用分散投资组合策略，但不管怎样，他们都是格雷厄姆价值投资者。一旦决定成为主动投资者，芒格就成了集中化投资的信徒。芒格在这些方面的观点如下所示：

若是主动管理型指数基金……你就要付给经理一大笔钱，而他85%的资产都投资于类似的指数基金当中。如果用这种方式投资，你就是在为骗子卖力气。

——查理·芒格，韦斯科金融公司年会，2005年

芒格之所以能发展出这一哲学，在很大程度上是受到了菲利普·费希尔的影响。在论及分散化与集中化时，芒格认为集中化对他来说是更好的选择：

对我有吸引力，并且跟我的观点相同，我总是喜欢这样的人，所以，想到费希尔我就高兴。找到好的投资对象很

难，集中进行几项投资也很难，这些对我来说似乎是显而易见的好理念。但投资界有98%的人并不这样认为。

——查理·芒格，伯克希尔·哈撒韦公司年会，2004年

投资者之所以选择集中投资而非分散投资，每个人的原因略有不同，但存在某些共同点。塞思·卡拉曼指出，深入了解10~15家公司要好过对许多公司蜻蜓点水式的了解。显然，一个人能够真正做到跟踪观察，并且比市场更加了解企业具体业务的经济状况，这样的股票数量要少于20只。例如，全身心扑在工作上的牙医不太可能挑选出表现优于大盘的科技股，尤其是在扣除了费用和开支之后更是如此。别忘了，你的任务不只是挑选一家优质公司，而是找到一个定价错误的投资对象。

其他格雷厄姆价值投资者跟芒格的想法不一样，他们相信分散投资。本杰明·格雷厄姆自己和沃尔特·施洛斯就是两个著名的例子。贾森·茨威格指出："甚至杰出的投资分析师本杰明·格雷厄姆都极力主张'适当但不过度的分散'，他将其界定为10~30种证券之间。""大萧条"过去很多年之后，

原则六　抓住变化的本质

再想要非常分散地进行投资且只投资上市公司股票已经没有可能。有些投资者寻求比芒格更分散的投资，他们会转向流动性较弱而且不频繁交易的市场，如不良债券。当然，这些较少流动和交易的市场也是更有可能发生资产定价错误的地方，而且理性的格雷厄姆价值投资者在这里可以找到便宜货。巴菲特认为，对于不知道自己在做什么的人来说，分散投资是一种保护措施，况且就投资而言，几乎没有人知道自己在做什么。最分散的方法，就是购买收费低的指数基金和交易所交易基金的组合。

芒格认为，有一种情况算得上是最悲惨的投资之一，那就是，有人认为他们是主动投资者，但实际上，他们投资了太多股票，以至于成了"主动管理型指数基金投资者"。采用了伯克希尔·哈撒韦体系的投资者是集中投资者。芒格指出：

伯克希尔风格的投资者倾向于比其他人的分散化更弱。借由赞美分散投资的概念，学者们帮了聪明的投资者一个大大的倒忙。因为我认为这整个概念近乎精神错乱。它强调的是，不让自己的投资结果偏离平均投资结果太远，并对此感觉不错。但是，没有人拿着鞭子和枪逼你，为什么你还要随大流呢？

——查理·芒格，《吉普林个人理财》，2005 年

可变因素之五：决定何时卖出证券

当（某种东西）接近你计算的内在价值时，把它卖掉并不容易。但如果你买了几家优秀公司的股票，那你就可以守株待兔了。这是好事。

——查理·芒格，伯克希尔·哈撒韦公司年会，2000 年

我们不会卖掉运营中的企业，这是一种生活方式的选择。我们在购买方面做得不错，但是有几个，如果卖掉的话会更好。当然，如果我们不做金罗美式①的管理，即频繁地

---

① 金罗美（gin rummy）是牌类游戏的一种，类似于中国的麻将，一般是二人对战，每人发 10 张牌，通过出牌、弃牌、抓牌，将自己手中的牌做成组牌（meld），即至少三张同花顺或同点；不成组的牌便是死牌（deadwood）。当某一玩家手中的死牌分数小于或等于 10 分时，可以选择摊牌（knock），游戏结束。当然，也可以选择不摊牌。——译者注

买进卖出自己的投资组合，我们的收益会更好。我们可不想被人称为"搅拌器"或"脚蹼"。竞争优势就在于不折腾。

——查理·芒格，韦斯科金融公司年会，2008年

对我们来说，投资相当于跟同注分彩系统①对赌。我们寻找胜率为2胜1的马，而赔率为1赔3。换句话说，我们正在寻找定价错误的赌品。投资就是这么回事，你必须知道得够多，才能知道定价是否错误。

——查理·芒格，南加州大学商学院，1994年

做几笔极好的投资，然后静观其变：你付给经纪人的少了，听到的废话也少了，若处于这样的位置，则优势巨大。如能做到，政府的税收制度每年会额外支付给你1~3个百分点的复利。

——查理·芒格，《查理·芒格传》，2000年

---

① 同注分彩（pari-mutuel）是一种下注方法，先将特定类型的赌注全部放入彩池中，在扣除税收和相应的费用后，所有赢者均分余额。——译者注

在上述引文中,芒格指出,在何时出售或是否出售某项投资这个问题上,格雷厄姆价值投资者采用了一系列方法。芒格比较喜欢买下整个企业或部分股权,实实在在地永远拥有它。他的偏好在很大程度上受到了利益驱使,因为长期持有资产可以获得某种税收优惠和其他的好处。由于不涉及税收成本、交易成本和其他费用,投资者的复合收益得以大幅增加。与芒格不同的是,有些格雷厄姆价值投资者选择在手中的资产接近其内在价值时,将它们卖掉。是否出售或何时出售,没有标准答案,个别投资者如何回答这个问题部分取决于个人的性情。然而,大多数格雷厄姆价值投资者似乎更倾向于芒格的方法。

可变因素之六:在发现被错误定价的资产时,决定下注多少

人类并未被赋予无所不知的本领,无法在任何时间知道所有事情的所有内容。但那些努力寻找和筛选错误定价投资的人,偶尔能发现一个机会。

——查理·芒格,南加州大学商学院,1994年

寻找定价错误的投资,当我们认为自己正确时,就会增持。

——查理·芒格,南加州大学商学院,1994年

当机会来临时,聪明的投资者会大举下注。他们在有胜算的时候下大注。而在其他时间,他们根本不赌。就是这么简单。

——查理·芒格,南加州大学商学院,1994年

在军队时玩扑克和年轻时当律师的经历磨练了我的商业技能……你必须学会的是,胜算不大时尽早收手,优势明显时放手一搏,因为占尽优势之事并不常有。

——查理·芒格,《查理·芒格传》,2000年

我喜欢的模型是那种赛马场上的同注分彩系统,用它打比方可以稍稍简化适用于普通股市场的概念……每个人都去那里投注,胜算会随着赌什么而改变。这恰好就是股市中发生的情况。就算是白痴也能看出,与比赛纪录差且体重过大的马相比,体重轻、胜算大且起跑位置好的马更有可能

会赢。但如果你看赔率,劣马的赔率为 1 赔 100,而好马的为 2 赔 3。若用费马(Fermat)和帕斯卡(Pascal)的数学计算,那就搞不清楚在统计上哪个是最佳选择了。

——查理·芒格,南加州大学商学院,1994 年

通过将投资限定在自己的能力圈之内,芒格努力做到只在自己占有绝对优势时才进行投资。虽然绝对优势并不常有,但一旦有了,他就会大举下注。这意味着他没有其他投资者活跃。芒格认为,仅仅为某个原因(例如,为了保持忙碌)而买卖股票是非常糟糕的想法。芒格对他所谓的投资多动症有很强的抵触。如果不确定,他的建议是什么也别做。

在这里,我会说,如果我们的预测比其他人的要好一点儿,那是因为我们尽量少做预测。

——查理·芒格,伯克希尔·哈撒韦公司年会,1998 年

我们尝试预测哪些投资会是市场浪潮中的弄潮好手。然后,不管潮汐会带来什么样的结果,我们都倾向于接受它们。

——查理·芒格,韦斯科金融公司年会,2001 年

芒格不喜欢做出结果难料的投资决定。他当然更不会做任何弊多利少的投资。我曾听过一些人对他这种投资哲学背后的理念进行解释，最佳的阐释者之一是著名投资者萨姆·泽尔：

听着，经商很容易。如果劣势小，利好大，你就做。如果劣势大，优势小，你就跑。唯有在劣势大，优势也大的时候，你才有事情要忙。

——**萨姆·泽尔，《纽约客》**，2007 年

从金融理论的角度来看，聪明投资者寻找的是可选性。纳西姆·塔勒布如此描述聪明投资者所寻找的东西："这些收益数据呈统计学上的幂律分布（power law distribution），优势大到近于无限，但由于可选性（optionality）的缘故，存在有限的劣势。"有这样一个笑话阐明了可选性的价值：在一次长途飞行中，一位投资银行家与一位木匠的座位相邻，投资银行家问木匠是否想玩一个有趣的游戏。但木匠累了，只想打个盹儿，于是礼貌地拒绝了银行家，并打算睡觉。投资银行家大声强调游戏很好玩，并且说："我先问你一个问

题，如果你不知道答案，你只需给我5美元。然后你问我一个问题，如果我不知道答案，我会给你500美元。"为了让他安静下来，木匠只好同意玩这个游戏。

于是，投资银行家问了第一个问题："从地球到土星的距离多远？"木匠一言不发地掏出5美元，交给了投资银行家。

木匠接着问投资银行家："什么东西上山时三条腿，下山时成了四条腿？"然后，木匠再次闭眼休息。

投资银行家立即打开他的笔记本电脑，连接飞机上的无线网络，在互联网上搜索答案，却一无所获。然后他给自己所有聪明的朋友发送了电子邮件，也没有得到答案。搜索两个小时之后，他终于放弃了。投资银行家摇醒木匠，递给其500美元。木匠收下500美元，然后继续睡觉。因为不知道答案，投资银行家简直要疯了。所以他再次将其摇醒，问道："上山时三条腿，下山时四条腿，这是什么东西？"

木匠递给投资银行家5美元，然后继续睡觉。

可变因素之七：确定是否应该考虑一家企业的品质

> 本杰明·格雷厄姆有盲点。他对于值得为某些企业支付高价这件事不太欣赏。
>
> ——查理·芒格，《查理·芒格传》，2000 年

芒格评估企业价值的方法部分受本杰明·格雷厄姆的影响，部分则受菲利普·费希尔的影响。芒格对格雷厄姆价值投资体系的思考有一个演变过程，而费希尔对这种演变至关重要。在费希尔看来，广泛多样化本质上是主动管理型指数基金的一种形式。他认为，投资者若想跑赢大盘，就应专注于数量较少的股票。费希尔更喜欢几乎永远地持有股票，例如，他在 1955 年买了摩托罗拉的股票，一直持有到 2004 年。费希尔还认为像"好打的慢球"那样的投资机会很少见，只有那些愿意耐心寻找的投资者才能遇到。费希尔认为，商业周期和市场先生态度的变化是在所难免的。跟许多其他投资者不同，费希尔赋予潜在企业的品质以极大的权重。因此，作为投资者，即使没有寻找雪茄屁股似的廉价股

票，费希尔也能跑赢大盘。

与塞思·卡拉曼这样的格雷厄姆价值投资者的方法相比，结合了费希尔理念的方法有很大的不同。芒格和赛思·卡拉曼都希望得到安全边际，这就是格雷厄姆价值投资体系的原则，但投资者选择计算内在价值和安全边际的方法各有不同。对芒格而言，费希尔使用的方法明显略胜一筹：

> 如果我从未存在，沃伦会变得更喜欢比较优秀的企业，而对颇具投资价值的"雪茄屁股"没那么感兴趣。雪茄屁股的供应已经渐渐断了……没有查理·芒格，自然也是这样的走向。但他崇拜本杰明·格雷厄姆，加之遵循传统的格雷厄姆方法并赚了很多钱，这让他有点儿被洗脑了，而我会推着他沿着他已经在走的方向走得更快一点儿。
>
> ——查理·芒格，《吉普林个人理财》，2005 年

我所说的本杰明·格雷厄姆的经典概念有个麻烦，那就是（"大萧条"之后，又过了足够长的时间），世人逐渐看透，那些真正显而易见的廉价货已经销声匿迹了……本杰

明·格雷厄姆的追随者的反应是，改变他们盖革计数器[①]上的刻度。实际上，他们开始用不同的方式定义廉价货，而且仍然很奏效。所以，格雷厄姆这套聪明的体系是一个非常好的体系。

——**查理·芒格，南加州大学商学院，1994 年**

巴菲特今天可能更像费希尔，而不是他曾经说的只有15%的相似度，但只有他自己知道我的说法对的成分有多少。正是芒格的影响促使巴菲特远离了纯粹的本杰明·格雷厄姆方法。他们对喜诗糖果的投资是伯克希尔·哈撒韦为优质公司支付高价的早期案例。芒格和巴菲特发现，喜诗糖果拥有未加利用的定价权，这能让它非常显著地增加财务回报。在购买了喜诗糖果之后，两位投资者发现他们可以定期提高价格，而消费者似乎并不在意。芒格称这种提高价格却

[①] 盖革计数器（Geiger counter）最初是1908年由德国物理学家汉斯·盖革和著名的英国物理学家卢瑟福在 α 粒子散射实验中为探测 α 粒子而设计的。后经盖革和其他人的改进，因其造价低廉、使用方便、探测范围广泛，至今仍被普遍用于核物理学、医学、粒子物理学及工业领域。——译者注

不会导致销售显著下降的能力为"定价权"。巴菲特曾说过："50多年前，查理告诉我，以公平合理的价格买下一家非常优秀的企业远胜于以惊人的低价买下一家普通的企业。"查理在此所谈及的是这样一个理念：用合适的价格购买一家优质企业仍然符合格雷厄姆价值投资体系关于购买廉价货的原则。

之所以发生向费希尔企业价值评估方法的转变，部分原因在于格雷厄姆喜欢买的那类公司在"大萧条"之后已逐渐消失。转向费希尔理念的其他推力的出现则是因为芒格和巴菲特在市场上取得了成功。由于他们持续取得理财方面的成功，伯克希尔·哈撒韦公司每年都需要运转大量现金，在这样的规模下，要想找到足够的雪茄屁股是不可能的任务。

与很多纯粹格雷厄姆风格的投资者不同，芒格认为他的投资风格必须有所发展。

格雷厄姆的追随者……意识到，由于其地位所隐含的动量，有时还要加上优秀的管理人才或某种更适合的企业制度，有些公司以账面价值的两到三倍出售仍然算得上是很便宜的。一旦跨越障碍（基于会吓坏格雷厄姆的量值方法，识别出潜在的便宜货），我们就会开始对更好的企业感兴趣。

——查理·芒格，南加州大学商学院，1994年

对于芒格而言，如果在购买资产时不考虑潜在企业的品质，那局限性就太大了。

投资游戏总要涉及对质量和价格的考量，诀窍就在于你按某个价格付款，得到的要是超过价格的更高质量。就是这么简单。

——查理·芒格，《查理·芒格传》，2000年

我们确实从高品质企业那里赚到了钱。有时候，我们会买下整个企业。有时候，我们买下一大部分股票。但是，经过分析，我们发现高品质企业让我们赚了大钱。其他赚了大钱的人，大多数也同样受益于高品质的企业。

——查理·芒格，南加州大学商学院，1994年

芒格认为，一家公司的品质越高，长期下来，就越能成为你的"借力好风"。

芒格和巴菲特如何评估品质？

把价格问题先放一边，拥有品质最好的企业就意味着：在一段很长的时间内，可以以很高的回报率大量使用增量资本。而拥有品质最差的企业则意味着：情况必定（或将要）与之相反，也就是说，企业始终以很低的回报率使用越来越多的资本。

——沃伦·巴菲特，
1992 年伯克希尔·哈撒韦公司致股东的信，1993 年

芒格和巴菲特都非常重视企业资本回报能力的大小和持续性。投资资本的回报率（ROIC）是税后营业利润除以投入企业的资金额后所得到的比率。简而言之，企业所用的资本能创造多少收入，决定了芒格和巴菲特如何看待这家企业的品质。企业增长本身无所谓好坏。在 1992 年致股东的同一封信中，巴菲特这样写道：

只有当目标企业获得诱人的增量回报时，换句话说，也就是只有当用于支持增长的每一分钱都创造了多于一分钱的长期市场价值时，增长才会让投资者受益。

——沃伦·巴菲特，1992年
伯克希尔·哈撒韦公司致股东的信，1993年

可变因素之八：决定整体拥有企业还是部分拥有

我们需要企业具备某些特点，以便带给我们持久的竞争优势。

——查理·芒格，英国广播公司专访，2009年

你确实需要对企业一清二楚，也必须对竞争优势了然于胸。你还必须洞悉竞争优势的可持续性，并量化价值。同时，你必须将这些价值与在股市中可得的其他价值加以比较。

——查理·芒格，《吉普林个人理财》，2005年

依据竞争优势推断企业的持久性。

——查理·芒格，《哈佛法律学报》，2001年

我们买下壁垒。（因为）建造它们太不容易……我们那些卓越的品牌并不是我们自己创建的。我们已经买下它们。如果你以重置价值的巨大折扣购买了某种东西，而它又难以替代，你就获得了很大的优势。一个竞争对手就足以毁掉一家利润很薄的企业。

——查理·芒格，伯克希尔·哈撒韦公司年会，2012年

我们特别喜欢将大量的资金投入我们无须另做决定的地方。

——查理·芒格，伯克希尔·哈撒韦公司年会，2001年

好企业和差企业的区别在于，好企业可以轻松地做出一个又一个的决定。差企业则得一次又一次痛苦地做出决定。

——查理·芒格，伯克希尔·哈撒韦公司年会，1997年

为什么有些企业容易让企业家和投资者做决定？答案很大部分在于微观经济学：如果没有足以产生可持续竞争优势的重大进入壁垒，不可避免的竞争将会导致企业的投资回报率降至机会成本，制造商将毫无经济效益。他们用伯克希

尔·哈撒韦公司做了一个比喻：企业本身应被看作一座城堡，而城堡的价值取决于起保护作用的护城河的强度。

对芒格这样的投资者来说，企业是否拥有坚实耐用的护城河，无疑是其最重要的特质。芒格用两种不同的方式描述了护城河，都强调了护城河能够长久维持的重要性：

我们必须让企业拥有某些内在的特质，以便使其具有持久的竞争优势。

——查理·芒格，英国广播公司专访，2009年

我们想方设法以低价，甚至是公平合理的价格，收购具备可持续竞争优势的企业。

——查理·芒格，伯克希尔·哈撒韦公司年会，2004年

若想更详细地了解护城河的基本要素，可阅读附录《护城河的五大基本要素》。如果读到此处，你觉得已然领会，并决定要将巴菲特和芒格版本的格雷厄姆价值投资体系（包括考虑企业的品质）付诸实践，你就需要深入了解护城河的性质。购买雪茄屁股的格雷厄姆价值投资者可能会说，他们

不太需要理解公司拥有的护城河的性质，但我认为，即便对他们而言，正确理解护城河的知识依然很有价值。正如我在本书前面所述，为了对企业的品质做出评价，你必须了解企业的基本面。对有些人来说，这很枯燥乏味，而其他人（比如我）则对此乐此不疲。如果你发现这个话题很无聊，那么，你成为一个成功的格雷厄姆价值投资者的可能性就会大大减小。

原则七

珍视声誉和诚信

> 请记住,声誉和诚信是你最宝贵的资产,然而它们可能瞬间消失。
>
> ▷ 查理·芒格

本书描述了查理·芒格对格雷厄姆价值投资体系的实践，有些读者可能对此会感到奇怪，想知道为什么需要付出这么多的时间了解所谓的企业基本面。如果你开始这样想，那么请你这样提醒自己：像股票这样的金融资产不是一张纸；相反，它是潜在企业一定比例的所有权。如果不了解潜在的企业，你就不能成为成功的格雷厄姆价值投资者。

任何企业的主要基本面之一就是管理。芒格和巴菲特最出名的就是将权力和责任几乎全部授予伯克希尔·哈撒韦的子公司，鼓励它们自主经营，只有资本配置和薪酬体系的建立除外。换句话说，虽然伯克希尔·哈撒韦公司系统内的企业管理极为分散，但资本配置和薪酬体系的管理却是高度集权的。

1. 资本配置技巧

伯克希尔·哈撒韦公司的主要管理活动就是资本配置。芒格写道：

> 恰当地配置资本是投资者的首要任务。
> ——查理·芒格，《穷查理宝典》，2005年

在资本配置方面，巴菲特和芒格最重要的任务是取出喜诗糖果等公司产生的现金收入，并将其配置到伯克希尔·哈撒韦公司认为是最好的投资机会上去。谈及资本配置的重要性，巴菲特一言以蔽之：

> 伯克希尔·哈撒韦公司副董事长查理·芒格和我其实只有两件事要做……一是吸引并留住优秀的经理人，以经营我们的各项事业。另一个就是资本配置。
> ——沃伦·巴菲特，《巴菲特到股东的信》，2011年

芒格和巴菲特认为资本配置是一种技能，但在成为公司首席执行官之前，很多经理人根本就没有学过如何进行资本配置。他们认为，新任首席执行官可能是从市场营销、销售、法务或运营部门提拔上来的，资本配置的实践经验很少，而这会给企业带来很大的麻烦，因为首席执行官常常不知道如何做出使股东回报最大化的关键决策。记住这一点是明智的：若有人在兜售，他们就一定有兜售的理由。巴菲特用一则逸事来说明这一点：有一个人对兽医说："你能帮帮我吗？我的马走路有时还算正常，但有时又一瘸一拐的。"

兽医回答说："没问题。在它走路正常时，卖掉它。"

资本配置最重要的任务是将公司产生的现金取出，配置到最好的机会上去，避免巴菲特所说的"机构盲从症"（*institutional imperative*）：

理性经常在机构盲从症发威时软弱无力。例如：（1）好像受到牛顿第一运动定律的支配，机构会死守现状，抵制现有方向上的任何改变；（2）正如工作增多就会耗尽可用时间一样，公司开展的项目或并购会突然吞噬可用资金；

（3）不管多么愚蠢，只要是领导关注的业务，就会迅速得到下属的支持，他们会提交详细的收益率和战略研究报告；

（4）不管是扩张、购并，还是制定高管薪酬方案，盲目地模仿同行公司的行为。

——**沃伦·巴菲特，伯克希尔·哈撒韦公司年会**，1989年

伯克希尔·哈撒韦公司的文化是由巴菲特和芒格创造的，为的是把机构盲从症视同异物并加以抵制。巴菲特为此花了大量的时间，以期确保该特质能成为他留给伯克希尔·哈撒韦公司的部分遗产。他写道：在伯克希尔·哈撒韦公司，"管理者的意愿清单不会靠牺牲股东利益来实现"，他在演讲中继续阐述道：

即使企业的后院挤满了反应迟钝的癞蛤蟆，已经多到没膝，很多管理人员（王子）也仍会对他们的亲吻可能带来的影响未来的神力信心十足。

——**沃伦·巴菲特，**
1981年伯克希尔·哈撒韦公司致股东的信，1982年

原则七 珍视声誉和诚信

很多公司的负责人并不擅长资本配置。他们在这方面的经验不足并不令人意外。经理人被提拔到最高管理层，大多是因为他们在营销、生产、工程、行政管理等领域有出色的表现，有时也可能是因为擅长玩办公室政治。一旦成为首席执行官，他们就要承担新的责任。现在他们必须做资本配置的决策，这项工作至关重要，但他们可能从来没有处理过，而且这并不容易掌握……意识到自身缺乏资本配置技能的首席执行官（并非所有人都能如此）经常转而求助于员工、管理顾问或投资银行家，以期弥补自己的不足。查理和我经常观察到此类"帮助"的后果。总的来说，我们认为它更有可能加重资本配置问题，而不是解决它。最终，大量愚蠢的资本配置就在美国的公司里发生了（这就是你经常听到"重组"这个词的原因）。

——沃伦·巴菲特，
1987年伯克希尔·哈撒韦公司致股东的信，1988年

2. 创建符合股东利益的薪酬体系

芒格认为，薪酬制度太重要了，以至于不能假手他人：

买下适当的企业还不够。你还必须有一套让其经营者满意的薪酬体系。在伯克希尔·哈撒韦公司，我们没有（单一）制度，有的是各种不同的制度。它们很简单，我们不会经常地检视它们。这些制度的运行效果好得令人吃惊。在收购喜诗糖果时，我们与查克·哈金斯签了一页纸的协议，之后就再也没有管过它。我们从来没有雇用过薪酬顾问。

——查理·芒格，韦斯科金融公司年会，2005 年

投入大量资金却只能创造微薄收益的人，不应得到高额的薪酬。任何傻瓜都能做到。而且，事实上，很多傻瓜正在做。

——查理·芒格，韦斯科金融公司年会，2009 年

我宁愿把毒蛇放进我的衬衫，也不会聘请薪酬顾问。

——查理·芒格，伯克希尔·哈撒韦公司年会，2004 年

这项任务对伯克希尔·哈撒韦公司来说特别困难，因为它的经理人大多已经是有钱人了，不太需要为了赚钱而工作。因此，芒格和巴菲特选择的经理人都是热爱自己所做之事的人，金钱的激励只是他们担任首席执行官的部分原因。有一个熟识多位伯克希尔·哈撒韦首席执行官的人曾经告诉我：他们喜欢为巴菲特和芒格工作，对这两位掌管伯克希尔·哈撒韦公司的亿万富翁非常的忠诚。最能看出伯克希尔·哈撒韦公司薪酬理念的地方是其《股东手册》，该手册可以在伯克希尔·哈撒韦公司的网站找到，网址为：http://www.berkshirehathaway.com/owners.htm。

芒格说过：对投资组合公司的首席执行官进行微观管理，不是伯克希尔·哈撒韦公司的做事风格。

在任何大型企业里，你不用担心是否有人做错事情，而是要担心错误及其影响的大小。你可以采取很多措施，减少拙劣行为的发生，但就是无法完全杜绝它。

——查理·芒格，伯克希尔·哈撒韦公司年会，2012年

当然，害怕进行微观管理可不是放弃所有管理责任的理

由。任由一伙经理人搞垮一家企业，这样的董事会成员不能拿担心加强微观管理会带来不利影响为自己辩护。像伯克希尔·哈撒韦公司这样的授权程度，若要发挥作用，唯有遵循芒格所说的下述原则：

我们的成功在于我们不监督，并将因为无须监督而继续成功。但如果你打算提供最低限度的监督，那你在收购时就必须谨慎。它是不同于通用电气（GE）的模式。通用电气的做法奏效了，但跟我们的大为不同。

——查理·芒格，伯克希尔·哈撒韦公司年会记录，2005年

3. 拓宽护城河的技能

比起拥有高素质的经理人，芒格宁愿拥有高质量的护城河。当然，他更希望二者兼得，这样他就会拥有更大的安全边际。为了说明这一点，巴菲特评论道："好骑师配上好马就会有好成绩，但要是配上劣马，就只能望尘莫及了。"例如，伯克希尔·哈撒韦公司初期拥有的新英格兰纺织企业和百货

公司都有称职的经理人，但这些经理人受雇管理的企业困难重重，举步维艰。即使有再多的管理技巧也难以解决这些公司的问题。再举一个例子，罗恩·约翰逊以前负责苹果公司的零售业务，他算得上零售业一位优秀的经理人，但他管理的下一家企业彭尼公司（JC Penney）根本就是一家烂企业，这造成了两家企业效益指标的天壤之别。

芒格承认存在极少数的例外，在那种情况下，企业的品质反倒不是绩效的促进因素：

因此，你偶尔会有机会进入一家由优秀经理人经营的优秀公司。当然，这等于是过上了天堂般的日子。如果你得到了这些机会，却没有增持，那就大错特错了……平均下来，赌企业的品质好过赌经理人的素质。换句话说，如果你必须选一个的话，那就赌企业的发展势头，而不是经理人的聪明才智。但是，也有一种极为罕见的情况，你发现一位非常优秀的经理人，于是，明智地跟着他进入了一家看似不起眼的企业。

——查理·芒格，南加州大学商学院，1994 年企业高管的唯一职责就是拓宽护城河。我们必须把它加宽，每天都要这样做。我们赋予你竞争优势，而你必须给我们留下护城河。这有时太过困难。但企业高管的责任就应该是拓宽护城河。我能看到一个又一个企业不这样做的例子。你必须专注于护城河的加宽工作，看管好属于你的竞争优势。一位英国将军曾经说过："把你的儿子教导得像你的父辈那样，上帝就会拯救女王。"在惠普，你的责任就是成功培养出可以接替你的下属。它并没有那么复杂，也并不深奥神秘。我们在得克萨斯制作砖块的流程跟在美索不达米亚是相同的。

——查理·芒格，韦斯科金融公司年会，2008年

对企业有一种主人心态，而不是只有经理人的态度，芒格想要的就是这样的职业经理人。

卡内基一直为自己只领很少的薪水而自豪。洛克菲勒和范德比尔特同样如此。不同的时代却有着共同的文化。这些人都自认为是创始人。我很高兴摆脱了基于业绩领取报酬的压力。如果你非常认真负责，讨厌令人失望，就会产生不能辜负自己所领的激励报酬的压力（不再因为管理伯克希

尔·哈撒韦公司而从利润中抽取一定比例作为报酬，他们的利益就会与其他股东的利益完全一致），这样就拥有了巨大的优势。

——查理·芒格，伯克希尔·哈撒韦公司年会，2003年

芒格和巴菲特也希望经理人能像纳西姆·塔勒布所说的那样"风险共担"。他们讨厌这种结果：正面，经理人赢；反面，经理人不输。他们希望风险与收益能对称配置。在芒格看来，给经理人恰当的激励至关重要。巴菲特还说，他希望看到经理人"将大部分的资产净值投资于公司，一损俱损，一荣俱荣"。

芒格还害怕官僚作风，因此，通过创建被他们称为"值得信任的无缝网络"，伯克希尔·哈撒韦公司尽力防止因官僚作风而降低回报的做法。

例如，如果你在我年轻时为美国电报电话公司效力，就知道它是一家大型的官僚机构。谁会真心考虑股东或别的什么呢？在官僚机构里，只要你的待办事项变成了别人的待办事项，你就可以认为自己的工作已经完成了。当然，现实并

非如此。直到美国电报电话公司实现了它理应实现的成绩，工作才算完成。所以，你得到的是庞大、臃肿、愚蠢、失去动力的官僚机构……规模屡屡引发灾祸，原因就在于它让企业变成了庞大而愚蠢的官僚机构，这在一些政府部门达到了最高峰、最恶劣的状态，那里的激励诱因确实很糟糕。但这并不意味着我们不需要政府，因为我们确实需要。但是，要让大型官僚机构照章办事是一个非常棘手的问题。

——查理·芒格，南加州大学商学院，1994年

4. 现有管理者要有诚信

芒格说得非常清楚，作为一种商业特质，诚信跟才能同样重要。最重要的是，芒格看重诚信本身的价值。与诚信之人共事，本身就是一种奖赏。额外的收获是，经理人的诚信如果值得信赖，就能够提升效率，因为这意味着不需要投入很多的资源就能确保诚实和遵从。

我们极其喜欢现有的管理者能够诚实守信且才华出众。

——查理·芒格，英国广播公司专访，2009年

原则七 珍视声誉和诚信

芒格认为,对于任何与缺乏诚信有关的事情都要实行零容忍政策。换句话说,"大致诚实"的标准可不是芒格论及诚实时所追求的目标。巴菲特一再指出,一辈子赢得的声望可能不到一秒钟就会丧失殆尽。芒格认为:

> 请记住,声誉和诚信是你最宝贵的资产,然而它们可能瞬间消失。
>
> ——查理·芒格,《穷查理宝典》,2005 年

通过将一些不诚实者与诚实者混搭在一起,借此希望控制不诚实者产生的消极影响,在芒格看来,这是希望占据了上风,却忽视了经验。

> 当你把大便跟葡萄干混在一起时,它仍然是大便。
>
> ——查理·芒格,伯克希尔·哈撒韦公司年会,2000 年

发现诚信的缺失要比许多人想象得更难,它的后果也更严重。芒格明确表示:他可不想买下一家管理差劲但还算得上是"好"的企业,然后设法找人来经营它:

我们不培训高管，我们只去寻找这样的人。一座山如果像珠穆朗玛峰一样矗立在那里，你不必是个天才，也能明白那是一座高山。

——查理·芒格，伯克希尔·哈撒韦公司年会，2006年

芒格和巴菲特对投资需要"重振"的公司不感兴趣，因为它们难以真正地再次振作起来。芒格希望他所投资公司的护城河非常坚固，足以在不善的管理下存活。正如之前讨论过的那样，他更愿意护城河固若金汤，即使由一个"白痴"经营，公司也能存活下去。无论是巴菲特还是芒格都不会买下企业，再交由某个朋友或者亲戚管理。然而，假设他们这样做了，那也是因为坚信凭借护城河的存在，公司不会有差强人意的表现。

网络电视（在其鼎盛时期），任何人都能经营并且做出很好的业绩。如果是汤姆·墨菲在经营，你的成绩会很好，但就算是由你那傻瓜侄子来经营，也能有很好的表现。

——查理·芒格，伯克希尔·哈撒韦公司年会，2006年

芒格的意思并不是说管理不重要。而是说，他宁愿要一家拥有优秀的管理团队，即使傻瓜也能管理的企业。在芒格看来，拥有一家基本条件很差，且正面临一个又一个难题的企业，即便是被一流的管理团队经营，可能也做不出什么漂亮的财务业绩。从这个意义上讲，若同时拥有护城河和优秀的管理团队，比如经营伯克希尔·哈撒韦投资组合公司伊斯卡的管理团队，就会在巴菲特和芒格投资时提供额外的安全边际。

5. 凤毛麟角的经理人

偶尔，芒格和巴菲特会找到一位才华出众的人，以至于他们真的不需要质量很好的护城河。这种情况极为罕见，但确有发生。

偶尔，你会发现一个很有才干的人，他可以做到技术熟练的普通人做不到的事情。我认为西蒙·马克斯就是这样的人，他是英国玛莎百货（Marks and Spencer）的第二代掌门人。安迅公司（National Cash Register）的帕特森也是这样的人。山姆·沃尔顿（Sam Walton）同样是这样的人。这些人确实会出现，在很多情况下，他们并没有那么难以辨识。如果他们能摸到一手好牌，再加上这些人面对竞争时常常表现出的狂热和聪明才智等，管理就会产生巨大的作用。然而，平均下来，赌企业的品质要好过赌经理人的素质。换句话说，如果你必须选一个的话，那就赌企业的发展势头，而不是赌经理人的聪明才智。但是，有种情况很是罕见，你发现一位极为优秀的经理人，于是，明智地跟着他进入了一家看似不起眼的企业。

——查理·芒格，南加州大学商学院，1994年

有时，就像伯克希尔·哈撒韦公司本身的情况一样，在一位出类拔萃的经理人身上赌一把也是值得的。芒格说：

尽管很少，但有些人值得高薪聘请，以便获得长期优势。

——查理·芒格，《查理·芒格传》，2000年

巴菲特指出，做再保险业务的阿吉特·贾因就是这样的人才。在伯克希尔·哈撒韦公司最近举行的会议上，巴菲特说："仅靠大脑和勤奋，阿吉特·贾因就为这家公司创造了数百亿美元。"这的确是很高的评价，因为芒格和巴菲特都没有提及该企业的护城河。

芒格认为，像好市多（Costco）等公司的管理就属于管理人员为公司添加了护城河的案例。芒格说，他是好市多的詹姆斯·辛尼格的超级粉丝，但他很清楚，找到拥有好市多这种公司并不容易。

我认为依靠特殊人才是有危险的，最好是拥有很多价格不受管制的垄断企业。当今世界并不是这样的。我们靠发挥自己的才能赚钱，而且会继续这样做。我很高兴我们有保险，但我得提醒你们，它可不是无须动脑筋就能做到的事。我们必须聪明地使之发挥作用。

——查理·芒格，韦斯科金融公司年会，2002年

芒格还认为，擅长管理的经理人有时能找到一个相对安全且有利可图的细分市场：

我发现将自由市场经济或部分自由市场经济想成某种生态系统很有用。就像动物在一个狭小的区域能够繁衍兴旺一样，专攻某些小众市场的人也可以做得很好。

——查理·芒格，南加州大学商学院，1994年

这种策略类似于迈克尔·波特教授所说的"差异化"。这种方法虽然可行，但试图寻找一个可作避风港的细分市场以避免竞争，原本就比拥有一条护城河的风险更大（有时二者兼得更好）。说到细分市场的案例，芒格和巴菲特认为那就是伊斯卡——他们在细分市场上发现了的一个宝石级的管理团队：

推断伊斯卡等公司的管理团队不难，那些人才华横溢，令人惊叹。但是，这样的管理团队不是很多，有动力追求这种高度的人寥寥无几。

——查理·芒格，韦斯科金融公司年会，2011年

我如此快地对它感到兴奋，原因在于那些人是如此优秀。一想到能与他们共事，我就觉得这值得我竭尽全力。在

初期，我们不知道全力以赴所寻求的是什么，直到我们与伊斯卡接触，我们才知道要努力争取的是合适的人。那是一家好得不得了的企业。什么都不缺。我们能不断地学习不是很好吗？迟到总比不到好。

——查理·芒格，韦斯科金融公司年会，2007年

比尔·盖茨曾概述过伯克希尔·哈撒韦公司关于管理对企业重要性的理念，非常精辟有力：

（沃伦）嗜好长期投资，这在另外一个格言中有所体现："你应该投资连傻瓜都能经营的企业，因为总有一天，它会由傻瓜来接手经营。"他不相信那种有赖于员工个个优秀才能成功的企业。他也不相信优秀的管理者对一家基本条件很差的企业能有很大的帮助。他说：将优秀的管理团队派进基本条件不佳的企业，它的名声也不会因此发生任何改变。沃伦会为伯克希尔·哈撒韦子公司任命能力很强的经理人，然后放手让他们独立管理。他对经理人的基本要求是，要像一家好企业那样产生现金，而经理人也应该相信，沃伦会利用这些钱聪明地进行投资。他不鼓励经理人走多元化的道路，

并期望经理人能专注于他们深入了解的业务,如此,沃伦才能专心地做他所擅长的事——投资。

——比尔·盖茨,《财富》,1996 年

借助最后引用的这一点智慧,我送你进入投资世界,希望你也能学会专注,并且投资成功。每当进行与投资(或与其他事情)有关的决策时,若拿不定主意,不妨想一想:查理·芒格会怎么做?

伯克希尔·哈撒韦的计算方法

在计算内在价值时，伯克希尔·哈撒韦公司使用长期（30年）美国公债利率作为折现率。这并非惯用的方法，很多人不能完全理解伯克希尔·哈撒韦公司为什么会选择这个利率。巴菲特解释说：

我们使用没有风险的利率，只是为了让一个投资品与另一个投资品等量齐观。换句话说，我们正在寻找最有吸引力的东西。要想估算任何东西的现值，我们都需要使用数字。很明显，我们总能买到政府债券。因此，它成为标准利率……为的是对来自各个方面的投资机会进行简单的比较。

——沃伦·巴菲特，伯克希尔·哈撒韦公司年会，1997年在此过程中所发生的事情就是对机会成本的考察。

聪明人会基于机会成本做决定，换句话说，你的替代选项关系重大。我们所有的决定都是这样做出的。

——查理·芒格，伯克希尔·哈撒韦公司年会，2003年

芒格透过资本的其他可选用途来考虑该资本的机会成本。巴菲特说过："查理和我并不知道我们的资本成本……我们比照着替代选项来衡量一切。为什么你要买下并非是你前2%机会的投资？正如前面的解释，这会产生一个能令芒格欣然接受的集中投资组合。因为他认为风险来自你不知道自己在做什么，所以他就采取了集中投资的做法，接下来会对此加以解释。

"在购买资产时，芒格如何计算风险？"只有在坚信目前的收入会持续下去的时候，他才会投资。尽管大多数投资者会依据他们认为的较大的风险调整折现率，但伯克希尔·哈撒韦公司期望的仍是一个没有风险的起点。换句话说，芒格和巴菲特用没有风险的利率比较可选投资项，而不是依据风险调整折现率。他们既寻找保守确定的基本面，又要求

稳定的企业发展史，这会向他们证明他们正在考虑的企业的现状会持续保持下去。然而，作为一种对决策失误的缓冲措施，他们购买的资产价格实际上至少要在内在价值的基础上打个七五折（此折扣是他们的安全边际）。

芒格应对风险的方法与很多人不同，其背后的理论也值得详细探究。让我们再温习一下，风险是遭受损失的可能性（而非价格波动）。伯克希尔·哈撒韦公司应对风险的方式，是以折扣价购买其觉得无风险且估价相对保守的资产，重点是防止在此过程中犯错。他们确实不会为了应对企业固有的风险而提高用于计算的利率。如果企业本身蕴含巨大的风险，他们就会把决定放入一个名为"太难"的篮子，然后继续寻找其他潜在的机会。

芒格和巴菲特在伯克希尔·哈撒韦公司用的数学方法很简单（请不要因为我用"数学"这个词而停止阅读）。首先，伯克希尔·哈撒韦公司会计算企业过去和当前的"所有者盈余"。然后，他们会在公式中插入一个合理又保守的所有者盈余增长率。他们使用30年期的美国国债利率，通过折现来解决所有者盈余现值的问题。在伯克希尔·哈撒韦公司，投资方法的重点在于股本回报率（ROE），而不是每股收益（EPS）。顺便说一句，芒格认为，在做资本配置决策时，企业的每一位经理人都应该考虑内在价值。需要注意的是，在计算价值时，伯克希尔·哈撒韦公司并不使用本益比的倍数。所有者盈余是非常明确的一类收入，他们坚持采用这一组数字。

推销者会花言巧语，大肆鼓吹税息折旧及摊销前利润（EBITDA）和非通用会计原则（non-GAAP）"盈余"，在确定内在价值时，芒格不会囫囵吞枣地接受这些推销者讲的故事。他喜欢真正的自由现金流。他认为"淹没在现金中"确实是一件非常美好的事情。在谈及非通用会计原则盈余这个话题时，芒格说过这句话：

我甚至不喜欢听到税息折旧及摊销前利润这个词。

——查理·芒格，《六家商学院问答集》，2009年

护城河的五大基本要素

芒格没有像巴菲特那样全面地阐释过他对创建和维护城河的见解，但也发表过一些评论，为人们指明了正确的方向。

有助于创建一条护城河的5个基本要素如下所述：

(1) 供给侧的规模经济和范围经济

如果一家公司的平均成本随着更多产品的生产或更多服务的提供而下降，这就是供给侧规模经济。英特尔就是一家得益于规模经济的典型企业。在芒格看来，借助在分销和其他系统方面的投资，沃尔玛已经拥有巨大的供给侧规模经济。经营大型钢铁厂和造船厂的公司也可以拥有供给侧的规

模经济。芒格描述了两种不同的供给侧规模经济:

> 谈及规模经济问题,我发现连锁店很有意思。仔细想想,连锁经营的概念是一个让人着迷的发明。你拥有了巨大的购买力,这意味着你的商品成本更低。你拥有了一连串的小型实验室,可以在它们那里做实验。你还会变得专业化。如果一家小企业在流动推销员的鼓动下,想要购买27种不同的商品,它会做很多愚蠢的决定。但如果你在总店为众多分店采购商品,你就会雇用头脑灵活而且很了解冰箱等商品的人去做采购。小商店的情况正相反,那里是一个人做所有的采购。所以连锁店有巨大的采购优势。
>
> 某些(供给侧优势)可以用简单的几何图形来说明。如果你正在造一个大圆罐,显然,罐子越大,表面用钢量会随着面积的增大而增多,容积会随着体积的增大而增大。诸如此类的事情各式各样,简单的几何图形会带给你规模优势,简单的现实亦是如此。
>
> ——查理·芒格,南加州大学商学院,1994年

从电视广告的角度,也能理解什么是规模优势。在电视广告出现的早期,有声的彩色图片首先进入了我们的客厅,它的力量大到令人难以置信。那个时候,三家电视网拥有大约90%的观众。如果你是宝洁公司,你就有经济实力用这种新方式做广告。你负担得起昂贵的网络电视费用,因为你卖的瓶瓶罐罐实在太多了。有些小企业就没有这个能力,又不可能部分购买。因此,小企业没法使用这种广告方式。实际上,如果你的"体积"不够大,就不能使用网络电视广告,但它是最有效的广告方式。所以,当电视兴起时,已经发展壮大的品牌公司就搭上了这班顺风车。

——**查理·芒格,南加州大学商学院,**1994 年

伯克希尔·哈撒韦公司稍晚才意识到铁路企业在财务上的吸引力,但芒格和巴菲特无疑更看重供给侧规模经济在此类企业中创建的护城河。铁路企业极不可能遇到新的竞争者。巴菲特和芒格认为,如果因为美国政府对基础设施的投资不足,导致公路状况恶化,铁路将会变得更有价值。芒格对铁路企业的未来很有信心。

你知道今天想要取代北伯灵顿铁路公司（Burlington Northern）需要付出多大的代价吗？我们不打算再建一条横贯大陆的铁路。这些资产很宝贵，也很实用。现在他们想提高卡车柴油价格……我们终于意识到铁路现在拥有巨大的竞争优势：它有双层货运车厢，由电脑操控，运输越来越多的来自中国的产品，等等。它们在很多业务范围中比卡车运输企业的优势更大。

——查理·芒格，韦斯科金融公司年会，2008 年

我们不知道怎样根据度量标准去买股票……但我们知道，北伯灵顿铁路公司在几年内就会拥有竞争优势……我们不知道苹果公司到底有什么……你确实有必要了解目标公司及其竞争地位……这是数学所揭示不了的。

——查理·芒格，伯克希尔·哈撒韦公司年会，2013 年

铁路行业很有趣，因为在很久以前，它是一个成长性行业，成功之后既创造了巨额财富，又造成了长时间的萧条。历史上，有许多有关铁路的投资结果都十分糟糕。

关于供给侧规模经济的影响，芒格曾经指出：

在某些行业，天时地利会很自然地涌向一家具有压倒性竞争优势的公司，往往形成赢者通吃的局面。而且这种规模优势非常巨大，比如当杰克·韦尔奇来到通用电气后，他只是说："见鬼！在涉足的每个领域，我们都要做到数一数二，否则，我们就会出局。"那是需要非常坚定的意志力才能做到的事情，但我认为，如果你想让股东利益最大化的话，这是一个十分正确的决定。

——查理·芒格，南加州大学商学院，1994 年

如果一家公司同时生产几种产品或提供几种服务，而且这几种产品或服务对这家公司是有成本效益的，那这家公司就也可以受益于供给侧规模经济。为了受益，企业必须在整个市场范围内分享资源，同时还要将这些资源的总量大致固定下来。渴望从规模经济中受益的企业必须避免孤立经营。

（2）需求侧规模经济（网络效应）

当产品或服务因为更多人的使用而变得更有价值时，需

求侧规模经济（也称"网络效应"）就产生了。克雷格列表（Craigslist）、易贝（eBay）、推特、脸书和其他所谓的多边市场，皆有各自的需求侧规模经济。伯克希尔·哈撒韦的投资组合公司美国运通就是一个受益于网络效应的例子，接受运通卡的商家越多，该服务的价值就越大，而使用它的人越多，对商家来说，该服务也就越有价值。芒格说：

整垮美国运通要比搞垮可口可乐或吉列公司更容易，尽管它是一家极为强健的公司。

——查理·芒格，伯克希尔·哈撒韦公司年会，2000年

对于得益于网络效应的公司来说，这只是影响利润的一个方面。有时，网络效应存在，但市场较小，因为它是一个小众的细分市场。而亚马逊的市场范围广阔，这对其可能创造的市值来说影响巨大。所以，有些网络效应影响强烈，有些则相对较弱。

有些公司既有需求侧的规模经济，又有供给侧的规模经济。亚马逊就是两者兼得，并且彼此相辅相成。在亚马逊网站上发表评论的人越多，由于需求侧经济的影响，它对其他

用户的价值就越大。在供给侧，亚马逊也拥有巨大的仓储和供应链优势。

（3）品牌

要理解芒格是如何看待品牌的，有一个例子最能说明问题。多年来，芒格一直担任韦斯科金融公司的董事长一职。在 2011 年的韦斯科年会上，芒格承认，在收购喜诗糖果之前，他和巴菲特真的不太懂品牌的价值。不久，韦斯科金融公司就被合并到了伯克希尔·哈撒韦公司。

喜诗糖果也是一个对品牌力量极好的比较试验案例。举例说吧，如果你生长于购买喜诗糖果的家庭（大多位于美国西海岸，特别是在加利福尼亚州），该糖果带给你的都是非常愉悦的体验和联想，那么即便多花钱，你也愿意购买喜诗品牌的盒装糖果。相比之下，在美国东海岸长大的人，就不会觉得该品牌有多大价值，因为他们没有相同的体验。因此，喜诗糖果发现很难扩大其销售区域，扩张速度也很慢。喜诗糖果公司卖的不只是食物，更是一种体验。因为盒装糖果在节假日期间的销量最大，所以公司的财务业绩一直起伏不定。一年之内，喜诗糖果有两个季度是亏损的，所有的利润都是在其他两个季度的三个节假日前后赚取的。

有些品牌的建立需要花费数十年的时间，巴菲特谈论过这一现实情况：

在你16岁与女孩第一次约会时，会带上一盒糖果送给她的父母或者送给她本人。在加利福尼亚州，你带的若是拉塞尔·斯托弗，女孩就会赏你一巴掌，但你若带的是喜诗，她就会给你一个吻……我认为，对于东海岸的人来说，喜诗没有任何含义，因为那里的人还会接触到更高端的巧克力产品。

——**沃伦·巴菲特，《喜诗糖果的秘密》，《财富》，2012年**

虽然有些品牌的力量源于其独特的口味，但现代的香料公司几乎可以复制出任何口味。商品或服务的包装和展示方式比以往任何时候都更重要。蒂芙尼的品牌力量很大程度上就在于盛放珠宝的蓝色盒子。可口可乐公司犯过一次大错，推出新品时他们认为口味在盲测中最重要。但结果是，不做盲测时，可口可乐胜出；盲测时，可口可乐却没有赢。芒格曾经谈起"新可乐"的这段趣事：

（可口可乐用）100年让人们相信该商标也有那些无形的价值。人们将它与一种口味联系在一起……几周之内，百事公司就用百事可乐的瓶子装上原来的可口可乐，并把它推向了市场，这算是现代商场上最大的一场惨败了。简直愚蠢至极。

——查理·芒格，哈佛大学，1995年

以品牌作为支撑的护城河，与通过供给侧或需求侧规模经济创建的护城河大为不同。例如，巴菲特认为迪士尼这样的公司就是如此，若在谈话中提及该品牌，"你就会联想到某些东西"。他还说过：

你会试着去创建一个与迪士尼竞争的品牌吗？可口可乐这个品牌让人联想到世界各地畅爽开怀的不同人。这就是你希望一家企业能够拥有的。这就是护城河。你想要拓宽这条护城河。

——沃伦·巴菲特，范德堡大学（Vanderbilt）访问记录，2005年当然，品牌的影响力会随着时间的流逝而衰弱。正如有些厂家的做法，比如在好市多的货架上摆放奢侈品，这在某类消费者看来，将有损该奢侈品牌在他们心目中的地位。如果过多地将品牌授予他人使用，也会对其造成伤害。巴菲特和芒格在生活中用过的品牌就对他们有吸引力。喜诗糖果和冰雪皇后（Dairy Queen）即是两个例子。

有些品牌出现的问题完全是咎由自取。巴菲特继续谈论他最喜欢的品牌之一：

以喜诗糖果为例。你不可能摧毁喜诗糖果这个品牌。只有喜诗能做到。你必须把品牌看成对消费者的承诺：我们会为你们提供高品质的服务。我们将产品与幸福快乐联系在一起。你看不到喜诗糖果赞助当地的殡仪馆，但我们会出现在感恩节的游行队伍中。

——沃伦·巴菲特，佐治亚大学访问记录，2007 年

在说到品牌的力量时，伯克希尔·哈撒韦公司的两位领导人经常会提到箭牌（Wrigley），认为它是一个创建了坚固护城河的品牌。芒格曾指出：

品牌的信息优势难以撼动。你的规模优势可以变成一种信息优势。如果我去某个偏远之地,可能会看到在格罗兹口香糖(Glotz)旁边摆着箭牌口香糖。我知道箭牌口香糖是一款令人满意的产品,而我对格罗兹却一无所知。所以,如果一个卖 40 美分,另一个卖 30 美分,我会为了区区 10 美分去买我不熟悉的东西,并把它放进我的嘴里吗?毕竟嘴是一个非常私人的地方。因此,实际上,箭牌只是因为众所周知而拥有了规模优势,你也可以称之为信息优势。每个人都会受到他人行为和评判的影响。另一种规模优势来自心理学。心理学家使用的是"社会证据"这个术语。目睹别人的行为和认可,潜意识里我们都会受到影响,从某种程度上说,还是自觉自愿的。因此,如果大家都在买某种东西,我们就会认为它比较好。我们都不喜欢做与大众脱节的人。此外,这种心理有些处于潜意识层面,有些则不是。有时,我们会有意识地理性思考:"哎呀,我不是太了解这个。他们知道的比我多。因此,我为什么不跟着他们走呢?"总而言之,你的优势可以累积成一条坚固的护城河。

——查理·芒格,南加州大学商学院,1994 年对巴菲特和芒格来说，要确定基于品牌的护城河的强度，很重要的一个标准就是看竞争对手能否用一大本支票来复制或削弱该护城河。仅举一例说明。巴菲特在2012年伯克希尔·哈撒韦公司年会上谈到可口可乐时说过这样的话："即使你给我100亿、200亿、甚至是300亿美元，让我击垮可口可乐，我也做不到。"这体现了他对牢固护城河的界定。耐克和宝马都是这样的品牌，有助于维护企业自身的护城河，这样的品牌得之不易，但一旦拥有，就价值非凡。迈克尔·莫布森写道："品牌不会自赋优势。只有提高了消费者的支付意愿（WTP），或减少了商品或服务的供给成本，品牌的价值才会增加。"卓越品牌的创立十分难得，这需要相当的技巧，还要有极好的运气。

（4）监管

某些企业已经把监管打造为一种能力，这种能力如此强大，实际上已经起到了护城河的作用。监管最终保护的往往是地位稳固的现有生产者，而不是消费者。例如，有些人认为银行利用监管的专业能力建立了一种有效的保护层，致使监管者实际上成了他们所监管行业的俘虏。同时，还存在大量的行业协会，比如律师协会，它们已经能够利用监管来限制本行业的供给了。

对伯克希尔·哈撒韦公司来说，穆迪（Moody）在债券评级业拥有的监管型护城河引人注目。为了发行债券，实际上监管者会要求发行人获得为数不多的几家债券评级公司的意见，这意味着像穆迪、标准普尔（S&P）和惠誉国际（Fitch）这样的评级公司也拥有护城河。若监管消失，形势很快就会表明，监管的存在就是影响该行业获利能力的主要因素。换句话说，当监管型护城河消失之后，你就会清楚地看到谁在裸泳。

（5）专利与知识产权

政府会授予某些公司专利、商标或其他类型的知识产权，实际上，这些公司相当于得到了合法的垄断权。这种市场准入壁垒可以为知识产权所有者创建一条坚固的护城河。不管你是否认为专利被授予得太多，或授予的方式不甚恰当，但一经获准，专利的价值就是另外一回事了。

关于知识产权的价值，芒格曾说过：

当然，在微观经济学中，你已经弄明白了专利、商标、特许经营权等概念。专利非常有趣。年轻时，我认为投入专利的钱要比因专利赚的钱更多。那时，法官通常会依据对以下问题的理解对专利申请加以否决：何为真正的发明及其是否借鉴了之前的某项技术。这些并非全都清楚明了，但他们改变了这一点。他们并非改变了法律，而是仅仅改变了管理机构，如此一来，一切事务都被汇总到一家专利法院。这家法院现在自然是支持专利的。所以，我认为，人们现在开始因拥有专利而大获其利。但商标和特许经营权向来是令人满意的。商标总能让人财源滚滚。如果商标制度能够广为人知，那对大企业来说简直太美好了。

——**查理·芒格，南加州大学商学院，**1994 年

由于知识产权专利而让伯克希尔·哈撒韦公司对其估值较高，这样的公司之一是路博润公司[①]（Lubrizol）。巴菲特曾经说过：

[①] 路博润公司（Lubrizol）是美国一家润滑油添加剂公司，世界四大公司之首。——译者注

对这样一家企业，起初我竟然一无所知，这让我吃惊。要知道，你们正在谈石油添加剂……有竞争力的护城河，易于进入，诸如此类的事情到底有没有？当初我对这些根本不懂。几天后我跟查理谈及此事……查理说："我也不懂。"

——沃伦·巴菲特，伯克希尔·哈撒韦公司年会，2008年

最终，巴菲特被说服了，并且收购了路博润。巴菲特曾经说道：

我确定这里可能存在体量巨大的护城河。他们拥有大量专利，还有就是他们与消费者的紧密联系。

——沃伦·巴菲特，伯克希尔·哈撒韦公司年会，2008年

在2011年的伯克希尔·哈撒韦公司年会上，巴菲特重申：他决定继续推进，因为他认为路博润拥有的1 600多项专利会给公司带来"持久的竞争优势"。

让芒格看到知识产权价值的另一个例子发生在20世纪70年代，当时拉塞尔·斯托弗糖果开始在喜诗糖果店所在的地盘上开店，并且拉塞尔·斯托弗的商店在外观设计上跟喜

诗糖果店也非常相似。通过主张知识产权，并且以诉讼相威胁，芒格得以与拉塞尔·斯托弗公司达成一项协议，阻止它继续开设类似的商店。

众多因素的累积效应

像伯克希尔·哈撒韦公司这样的企业，其制度和文化均优于竞争对手，二者结合就足以创建一条护城河。理解这一点的方法是观察伯克希尔·哈撒韦公司，并探寻是否存在一条护城河。换句话说，尽管伯克希尔·哈撒韦公司有巴菲特和芒格，但这家公司是否还有什么可以用于创造可持续竞争优势的其他秘诀呢？伯克希尔·哈撒韦公司的很多要素构成了它的护城河，在这些要素互相"适应"的过程中，其护城河又进一步得到增强。总之，这些元素创造的总值要大于各部分的总和。接下来，将介绍构建伯克希尔·哈撒韦公司护城河的几个要素。

（1）伯克希尔·哈撒韦是一家节税的公司

当伯克希尔·哈撒韦的某个投资组合公司（如喜诗糖果）

产生现金收益之后，这些钱就很少再被用于投资开设更多的喜诗糖果店和制造厂或用于收购了，因为它们的资本回报率（return on capital）低于伯克希尔·哈撒韦公司内的其他投资选项。拜伯克希尔·哈撒韦公司的组织结构所赐，出于节税的目的，巴菲特能够将喜诗糖果创造的现金转移到最好的其他投资机会上去（如果喜诗糖果分红，或者出售股份，并将所得现金再次进行投资，就可以免于纳税）。巴菲特阐述道：

由于我们仍然有能力以节税的方式在公司内部重新配置资本，我们可以将资本重新配置到比股东自己的投资回报率更高的地方。

——**沃伦·巴菲特，伯克希尔·哈撒韦公司年会，2008年**

芒格还说过：

还有一个非常简单的效应就是税收效应，但我很少看到投资经理人或其他什么人讨论它。如果你要买某种投资品，以15%的年利率计算，复利30年，最后要一次性纳税35%，经过计算，你在税后每年还剩13.3%的收益。相比之下，如果你买了同样的投资品，但每年所赚的15%都必须缴35%的税，然后，你的回报将是15%减去15%的35%，或者说每年的复利所得只有9.75%。因此，二者之差大于3.5%。长期下来，比如说置存期为30年，3.5%对应的收益数字确实会让人目瞪口呆。如果你长期持有优秀公司的股票，并持有很长时间，那么单单从收入所得税方面你就能拥有巨大的优势。

——查理·芒格，南加州大学商学院，1994年

沃伦·巴菲特说过，在全额缴纳35%的企业所得税后，账面价值就会增加。指数基金不必纳税。

——查理·芒格，伯克希尔·哈撒韦公司年会，2014年

（2）伯克希尔·哈撒韦公司的日常开支不大

在韦斯科公司的会议上，芒格曾经说道：

很多人都认为，只要你拥有更多的流程和更好的遵从性，比如检查和复核等，你就可以取得更好的业绩。是的，伯克希尔·哈撒韦公司实际上没有任何流程。我们几乎没有

任何的内部审计，除非他们迫使我们那样做。我们只是想方设法地使公司运行在一个值得信任的无缝网络中，并谨慎选择我们信任的人。

——查理·芒格，韦斯科金融公司年会，2007年

基于信任的制度是伯克希尔·哈撒韦公司的文化核心，其中的管理人员必须"自食其果"，这种文化转而体现为日常开支的减少。《纽约时报》如此描写道：

（伯克希尔·哈撒韦）公司总部只有25人，挤在一幢办公大楼的同一楼层办公。就是在这样的地方，巴菲特和他的员工进行资本配置，考虑收购或出售，雇用人才经营那些投资组合公司或者解雇他们，除此之外，概不干涉。

——《纽约时报》，2014年

晨星公司（Morningstar）又说："该公司旗下的所有子公司都实行去中心化的管理方式，削减对管理控制层级的需求，将责任下放到子公司层面，它们的主管拥有自主决定权。"

为了让"值得信赖的无缝网络"体系发挥作用,你必须拥有优秀的经理人和适当的激励措施。伯克希尔·哈撒韦公司的文化旨在确保任何一位巴菲特的继任者都能知道如何做到这一点。在2014年的伯克希尔·哈撒韦公司的股东大会上,巴菲特说:如果伯克希尔·哈撒韦公司有弱点,那就是他们往往太过信任彼此,但也正因为如此,公司的日常开支很低。"值得信赖的无缝网络"系统本身就是伯克希尔·哈撒韦公司护城河的一部分。

(3)伯克希尔·哈撒韦公司是私人买家的首选

如果你用毕生心血创办了一家企业,并决定把公司卖掉,那么巴菲特和芒格就为你提供了一个独特的机会。他们会让你(事实上是希望你)继续经营这家企业。你也有其他的选项,比如将企业卖给私募股权公司,但它们可不会在乎你的企业,可能还会让它负债累累,从而招致严重的风险,致使公司倒闭。巴菲特会保留企业的历史记录,但不是用它和其他所持股份来玩芒格所谓的"金罗美式的游戏",这让伯克希尔·哈撒韦公司对很多企业卖家来说很有吸引力。

把企业卖给伯克希尔·哈撒韦公司的人都是富人，钱多到远超他们所需。伯克希尔·哈撒韦公司会给出售企业的企业主机会，确保他们所在乎的企业和在那里工作的人能继续发展壮大。为此，伯克希尔·哈撒韦公司能够以颇具吸引力的价格买下企业。在最近举行的股东大会上，巴菲特说："私募股权公司购买企业，但过了一段时间之后，它们就会伺机卖掉所持股份。"为了让卖主放心，即便回报不尽如人意，巴菲特也不会放弃。巴菲特曾谈及这一点：

如果你把我们为何保留某些企业的原则写下来，商学院可能会给你一个不及格的分数，但我们承诺如此。如果我们不守诺言，消息就会四散传开。我们列出经济原则，所以，卖给我们企业的管理者知道他们可以依赖它。有些承诺我们不会做，也不能保证永远不转卖。但我们只是不得以地脱手过几家企业，包括最开始时的纺织企业。我们也会让管理者继续经营他们的企业。我们现在已经属于其他人难以与之竞争的那一类企业了。私募股权公司不会对我们年报后面所附的数字留下深刻印象，但对经营其祖父所开创的公司的富人而言，他们可不想把企业交给几位想一试身手的工商管理硕士。只要我们的行为中规中矩，就能继续持有该项资产，而且许多人都很难与我们竞争。

——沃伦·巴菲特，伯克希尔·哈撒韦公司年会，2014年

这种现象增进了人们对伯克希尔·哈撒韦公司的积极评价，而且有助于护城河的建立。

（4）伯克希尔·哈撒韦公司有永久资本

伯克希尔·哈撒韦公司拥有永久资本，这对于该公司在业绩上超越其他投资者大有裨益。知名的格雷厄姆价值投资者布鲁斯·伯科威茨解释说：

秘诀就是：永久资本。它至关重要。我认为这就是巴菲特放弃合伙关系的原因。你需要它，因为在危急关头，人们会跑掉……这就是为什么我们要保有大量现金在手的原因……现金相当于财务的安定药片。它可以让你保持冷静、沉着和镇定。

——布鲁斯·伯科威茨，迈阿密大学专访，2012年

（5）伯克希尔·哈撒韦公司在股市下跌时跑赢大盘

因为巴菲特和芒格都是格雷厄姆价值投资者，伯克希尔·哈撒韦公司所用的投资方法是，要做到在市场"上涨"时跑赢大盘，在市场"下跌"时仍有超出预期的表现。价值投资者的目标是出众的绝对业绩，而非相对业绩。巴菲特更是直截了当地说："当市场强劲时，我们的业绩不如大盘；当市场不温不火时，我们的业绩与大盘不相上下；当市场下跌时，我们的业绩反而更好。一个周期下来，我们的业绩超越了大盘，但不能保证总是如此。"也有其他投资者使用相同的方法，比如塞思·卡拉曼。事实也证实了这一结论。本·卡尔森指出："市场走低时正是巴菲特扩大领先优势的时候，股市下跌，他获得的回报却能超出市场近25%。这就是秘诀。"霍华德·马克斯为价值投资者指出了以下法则："法则一：事实证明大多数事情都是有周期性的。法则二：盈与亏的最好机会，有些是在其他人忘记法则一的时候出现的。"巴菲特对此有他自己的说法："法则一是永远不要赔钱。法则二是永远不要忘记法则一。"伯克希尔·哈撒韦公司的成绩，必须在风险调整后与其他投资选择进行比较。

（6）伯克希尔·哈撒韦公司得益于浮款

伯克希尔·哈撒韦公司的保险业务生成了低成本的浮款（在未来保险理赔之前收取的保费现金）。该浮款是投资资金的主要来源。在伯克希尔·哈撒韦公司，浮款已从1970年的3 900万美元增至2014年的稍高于770亿美元，而且这笔巨额现金可以在伯克希尔·哈撒韦公司内部进行运作。因为伯克希尔·哈撒韦公司可以动用浮款，其财务回报跟你的财务回报自然大为不同，除非你也拥有一家保险公司。如果不能动用浮款，你永远不可能跟巴菲特一样富有。然而，这并不意味着你无论如何也成为不了格雷厄姆价值投资者。

（7）高素质的股东，包括巴菲特和芒格

高素质的股东不会恐慌，并且着眼于投资的长期结果。一家公司只在一定时间内拥有护城河是不够的。在芒格看来，即使你目前的企业获利丰厚，也并不表示这种赢利能力可以长期持续。约瑟夫·熊彼特所谓的"创造性破坏"过程跟商业中的任何因素一样威力巨大。拥有一条护城河是阻击竞争性破坏的唯一途径。迈克尔·莫布森写过一篇堪称论述护城河的最佳文章，他写道：

公司经济效益好会吸引竞争者，致使他们愿意接受虽然较少但尚有吸引力的回报，进而将整个行业的回报水平压低至等于资本的机会成本。

——迈克尔·莫布森，《测量护城河》
（*Measuring the Moat*），2002 年

比如说，如果你开了一家具有某些创新性的服装店，并且大获成功，那么就会吸引模仿者和竞争者的加入。在经历了一个创造性的毁灭过程之后，有些服装店会适应、生存和兴旺发展，而其他的则会倒闭。因为市场上提供的产品和服务越来越好，消费者最终得益。然而，由于结果的高度不确定性，使之成为一个痛苦的过程。破产倒闭成为资本主义的基本构成要素，因此，这也是让商人感到最为艰难的地方。

考虑到无情的竞争在所难免，按照芒格的说法，需要提出如下问题：

你如何跟一个真正的狂热分子竞争？你只能想方设法地建立最合理的护城河，并不断地尽力拓宽它。

——**查理·芒格，《穷查理宝典》**，2005年

好市多的吉姆·西内格就是这种狂热分子；这就是芒格决定出任该公司董事的原因。内布拉斯加家具大卖场的创始人罗丝·布朗金（B夫人）是另一位狂热分子。芒格喜欢伯克希尔·哈撒韦的投资组合公司伊斯卡的管理团队。细数伯克希尔·哈撒韦公司旗下首席执行官的名单，你会看到一长串的狂热分子。

资本主义得以发挥作用的原因之一，就是护城河难以创建，而且会随着时间的推移而损坏。随着时间的推移所发生的事情就是所谓的从"生产者剩余"向"消费者剩余"的转化。有关这一竞争性过程及其为何会让消费者受惠，芒格做出了如下描述：

资本主义的主要成就是有能力让企业主充分获得反馈信息，并且有效地配置人才。如果某地原本有20家餐厅，突然有18家倒闭了，那么剩下的两家必定是掌握在能干之人

手中的。是赚取利润，还是受到惩罚，这时刻警醒着企业主。这就是在用心理学解释经济学。

——查理·芒格，韦斯科金融公司年会，2011年

芒格对于企业竞争本质的看法符合达尔文主义的观点。他认为，在真正竞争性的市场上，资本主义是不会手下留情的：

历史表明，在很长的时期内，任何企业能够以其所有者可以接受的方式生存下去的机会，实在是微乎其微。

——查理·芒格[来源：莫尼什·帕伯莱（Mohnish Pabrai）的《憨夺型投资者》(*The Dhandho Investor*)，2007年]

资本主义是一个相当残酷的世界。

——查理·芒格，南加州大学商学院，1994年

护城河的持久性非常重要。今天有护城河，明天又失去了，芒格希望能尽量避开这样的企业。有些护城河会随着时间的流逝逐渐衰败，有些则是极快地衰败。正如欧内斯特·海明威在其《太阳照常升起》一书中所说，企业破产倒

闭的方式有两种："逐渐的和突然的"。由于技术及信息传播方式的进步，护城河损毁的速度会越来越快。对于有些人来说，这种加速有时会让他们迷失方向。连柯达（Kodak）或北电网络（Nortel）这样的公司都可能迅速失去它们的护城河，这让在另一个时代成长起来的许多投资者震惊不已。

护城河消失的速度不应与公司从来没有护城河的情况混为一谈。根据迈克尔·莫布森的说法，护城河持续的时间就叫竞争优势持续期（CAP）。护城河的损毁速度因企业的不同而互有差异，而且并不是固定不变的。迈克尔·莫布森认为，护城河的衰败速度类似于一些学者所说的"衰退"。

即便是最优秀的公司也可能发生竞争导致的护城河萎缩，甚至消失。芒格说：

在通常情况下，你会看到某企业的业绩好到让人难以置信。问题是："它能持续多长时间？"我知道只有一种方式能够回答这个问题。那就是好好想想为何能够实现这样的成绩，然后搞清楚什么原因会让这些成绩不再出现。

——查理·芒格，《查理·芒格传》，2000 年报纸是一个很好的行业案例，它曾经拥有极大的护城河，但现在正在坍塌。报纸的不幸在于，技术变革以非常剧烈的方式拆毁了它们的护城河。

这种（报纸）企业极大的经济利好可能已被严重削弱。

——查理·芒格，韦斯科金融公司年会，2000年

芒格比许多人更早地看到了这种恶化，这很可能是因为伯克希尔·哈撒韦公司也投资过报业，如《华盛顿邮报》和《布法罗新闻报》。但伯克希尔·哈撒韦公司并未放弃所有类型的报纸。报道当地新闻的报纸对伯克希尔·哈撒韦公司仍有吸引力，特别是在一个城市中有强烈社区感的报纸。在2012年伯克希尔·哈撒韦公司的年会上，其管理者表示他们可能会购买更多的报纸。收购小城市报纸的做法看起来像是格雷厄姆雪茄屁股式的投资，因此这是一种对老式投资风格的回归。但伯克希尔·哈撒韦公司有大量的现金可供使用，而可以购买的优质企业却只有这么多。芒格还说：

现金过剩是一种优势，而不是劣势。

——查理·芒格，伯克希尔·哈撒韦公司年会，2012年

随着投资资金池的增大，寻找可供收购或投资的拥有护城河的公司也越来越难。从这个意义上讲，规模反而对投资业绩不利。不止一位基金经理受此问题之害，因为人们倾向于忽略对牢固护城河的需求，以便将大笔资金投入运作。

柯达公司曾经拥有牢固的护城河，但突然之间就丧失了。芒格描述了竞争性破坏对照相业的打击：

发生在柯达身上的事是自由竞争资本主义的必然结果。

——查理·芒格，美国全国广播公司财经频道专访，2012 年

柯达所经历的事情确实艰难，但在芒格看来，当时的柯达公司确实有一部分是拥有护城河的，而且会继续助其生存下去，只有把这一点考虑进去，故事才完整：

人们认为整个公司都完蛋了，但他们忘了柯达并没有真的破产，因为伊士曼化学公司（Eastman Chemical）存活了下来，繁荣兴旺，他们把它剥离了出来。

——查理·芒格，《财富》，2012 年

失去护城河的公司面临着艰巨又骇人的挑战。一旦某个

反馈转变为消极回路，任何公司都很难使其恢复正常。同样能够快速甚至更快地拆毁一家公司的，恰恰是一开始创建护城河的因素。如果公司的兴盛是非线性的，那么衰败就很有可能也是非线性的。

再如，芒格说过，考虑到规模经济和公共交通的便捷，位于市中心的百货公司曾经具备很牢固的护城河。然而，由于汽车的价格更便宜，加之人们迁移到有购物中心的郊区居住，人们的生活方式开始因此发生变化。亚马逊网站在零售业的异军突起，则进一步摧毁了各类大卖场的护城河，无论它们是在市区还是郊区，无一幸免。

决定公司是否拥有护城河的是品质（比如供给侧和需求侧的规模经济、品牌、监管和知识产权），但测试并确定护城河强度的是数量（即数学演算）。数学公式不会告诉你如何获得护城河，但它们有助于证明你有护城河，至少能证明你现在是有的。一家特定的公司是否拥有护城河，取决于其所赚利润是否大于资金的机会成本（OCC）。若在某个合理期间（以年衡量），公司能够一直维持这种赢利能力，那么，它就拥有牢固的护城河。如果投入资本回报率（ROIC）

和资金的机会成本之差为正值，而且能够长久保持较大的数值，那么这条护城河就是相对牢固的。护城河到底必须维持多久才能满足这项测试的要求？这是一个有趣的问题。如果连两年的时间都坚持不到，说明这个企业的风险巨大。如果支持数据能够达到5年，则会让人对护城河的持久性更有把握。若要更多地了解该主题，请阅读迈克尔·莫布森的文章《测量护城河》，它堪称经典之作。

对于想收购某家企业的投资者来说，如果发现企业目前的所有者没能充分利用现存的护城河，就说明这项投资有利可图。芒格指出：

一生之中有那么几次机会，你会发现确实存在这样的企业：只需要提高商品价格，任何经理人都能极大地提高回报率，然而他们并没有这样做。所以，他们掌握着巨大的定价权，却未加利用，即便现在他们也没有使用。而这根本就是不费吹灰之力的事……迪士尼发现即使它把门票价格提高一大截，游客数量也依旧居高不下。所以，艾斯纳和威尔斯有很多极好的业绩记录……仅仅是因为提高了迪士尼乐园和迪士尼世界的门票价格，还有就是扩大了经典动画电影录影带的销售……在伯克希尔·哈撒韦公司，沃伦和我提高了喜诗糖果的价格，速度要比其他厂家稍快一点儿。我们投资可口可乐公司，也是因为它有一些定价权未被利用。当然，可口可乐的管理团队也很出色。所以，郭思达（Goizueta）和基奥（Keough）这对组合所能做的远不只是提高价格。这非常完美。①

——**查理·芒格，加州理工学院**，1997年

从喜诗糖果的案例开始，芒格和巴菲特认识到，当你拥有牢固的护城河时（在这种情况下，得到了区域性较强且影响力巨大的品牌的推动），企业可以提高价格，以提高赢利能力。他们还认识到，有些品牌在打入新的市场时，效果并没有那么理想，因此，在一个特定地区内可以开设的盒装糖果店数量也是有限的。

上述讨论表明，人们实际上可以利用某些经验法则来测

---

① 迈克尔·艾斯纳，时任迪士尼公司首席执行官，弗兰克·威尔斯，迪士尼公司总裁。罗伯特·郭思达，时任可口可乐公司首席执行官，唐纳德·基奥，可口可乐公司总裁。——译者注

试护城河的强度。名列榜首的就是企业是否拥有定价权。例如，巴菲特认为，如果在尝试提价之前，你必须求神保佑，那么，即便你拥有护城河，也好不到哪里去。

护城河这个词并非不祥之兆。商业本质上就是一个竞争的过程。即便是卖烧烤的小餐馆也有自己的护城河。随着时间的推移，资本回报明显大于其机会成本的公司就拥有护城河，无论他们知道与否。

芒格和巴菲特曾说过，还有三个与护城河有关的不同技巧：创建一条护城河，识别其他人创建的护城河，以及识别已经拥有但还未展露护城河的创业公司。

雷·克罗克、山姆·沃尔顿、埃斯蒂·劳德、玛丽·凯·阿什和比尔·盖茨已经创建了护城河。护城河的创建需要高超的管理技巧，常常还要兼具一些运气。不用管理人才，只靠运气就能获得一条护城河，这在理论上是可能的，但我却想不出曾经发生过这样的案例。有时，有些经理人不但管理能力出色，而且有能力创建护城河，但当涉及投资时，却变成了低能儿。股票推销者很喜欢这样的人，因为他们是很容易上钩的诈骗对象。

护城河的五大基本要素

芒格和巴菲特这样的人，能够识别其他人创建的护城河。芒格承认，在护城河这件事上，他和巴菲特靠买而不靠建，因为他们并不特别擅长建设。除了护城河，芒格坚持要求企业还应配备一支优秀的管理团队。对于买护城河而不是建护城河的投资者来说，护城河的存在特别有价值，因为这样一来，即使管理人才不如预期的那般理想，或是遭遇管理人员离职，公司往往也还是可以在财务上支撑下去。

只要在总体上，能够产生让人心动的资本回报的可能性足够大，某些风险投资家就能在一家新创企业的护城河崭露头角之前把它识别出来。风险投资家收获的是可选性，它是一种套利，在形式上与格雷厄姆价值投资体系有所不同。风险投资家取得成功所需的技能弥足珍贵，风险投资的收益呈幂律分布这一事实便是明证。若护城河产生于复杂的自适应系统（如经济），它就很难被人发现。这是因为护城河的效用大于其各组成部分之和，而这些组成部分又是从整体大于部分之和的其他东西中脱胎而来的。与此相反的是，被摧毁的护城河更易被人发现，因为这是一个从有到无的转变过程。

这三种商业技能差异很大，一个人同时拥有这三项技能是极为罕见的。但对社会而言，这种过度自信很有价值，因为凭借运气，"即便瞎眼的松鼠偶尔也能发现松果"。然而，从个人角度看，确实存在很多不必要的破产。有益于整个社会的未必也有益于个人。

价值投资与因子投资

本杰明·格雷厄姆及其追随者沃伦·巴菲特、霍华德·马克斯和塞思·卡拉曼等人已经开发出一套价值投资体系，而尤金·法马和肯·弗伦奇则开发了完全不同的因子投资方法，可以用它识别"价值股"。虽然本杰明·格雷厄姆的体系和法马及弗伦奇的方法中都含有"价值"一词，但它们在根本上却有着天壤之别。

重要的是，对于作为统计因子的价值（法马和弗伦奇）和用于分析方法或目标的价值（本杰明·格雷厄姆），需要从定义上加以简明扼要的区分。这两种方法可用于解决不同的问题，法马和弗伦奇的方法要解决的是：是什么原因造成了多只股票的回报存在持续差异；而格雷厄姆价值投资者要解决的是：找到资本永久受损的风险较低，而回报诱人的可能性较高的投资机会。

由于投资风格存在根本性的差别，运用法马和弗伦奇的因子投资模型识别出的价值股，可能根本无法引起价值投资者的兴趣，正如本杰明·格雷厄姆的追随者所做的那样。利用因子投资建立的基金与本杰明·格雷厄姆的价值投资体系毫不相干。

法马和弗伦奇的自上而下因子模型，其支柱是市场有效的假设；因此，跑赢大盘的回报只有通过冒更大的风险才能获得。然而，当法马和弗伦奇看到投资者的实际收益时，却发现了异常。因为不想放弃有效市场假说，法马和弗伦奇只好扩大其模型结构，他们认为必定存在未被发现的系统性"风险因子"。法马和弗伦奇提出的此种因子现在已经有5个了，其中之一是公司的账面资产（股东权益）与市场价值（总市值）的比率。因此，账面市值比（book-to-market）被命名为"价值因子"。

与法马和弗伦奇自上而下的方法相反，本杰明·格雷厄姆的价值投资体系是以此为前提的：为了评估股票的价值，你必须自下而上地评估特定的企业。格雷厄姆价值投资者的目标是：估计一家公司未来可分配的现金流量，并在它的股票交易价格明显低于这些现金流所代表的内在价值时买进。比如，格雷厄姆价值投资者有可能评估一家公司的长期现金流量为每年1亿美元，并且买下了它，因为该公司的企业价值为5亿美元。显而易见的是，如果你买了价值5亿美元的东西，而它每年的回报为1亿美元，你的投资回报将会大得令人难以置信（这种情况下的回报率为20%）。从长期看，格雷厄姆价值投资体系能够跑赢大盘，但前提是，投资者能够做到执行格雷厄姆价值投资四项原则所需的重要工作：（1）将股票视为企业相应比例的所有权。（2）购买股票时要有安全边际。（3）了解市场先生有两极性，而非完全明智的；它应该是你的仆人，而不是你的主人。（4）保持理性。对于所有投资者来说，第四项原则最难做到。

因子投资不涉及这些事情。当有人使用账面市值比来衡量一只股票是否便宜时，他或她实际上是在说：银行账户中的一堆现金和一家经营中的公司没有差别。对这样的人来说，产品、客户、生产能力、品牌和经营能力都毫无意义。这是因为，该比率中的账面价值被当成了内在价值的替身，而账面价值完全反映不出一家公司的赢利能力。

成功的格雷厄姆价值投资者会逆向思维。他们很关心公司的经营特质所体现的该公司未来可能的现金流量。未来现金流量更大的公司，本质上要比那些未来现金流量较小的公司更值钱，无论该公司的账面价值有多大。

账面价值与盈余（现金流）之间的纽带，可以从公司的股本回报率上看出来。也就是说：收益率 = 股本回报率 × 账面市值比。

虽然法马会勉强承认企业的价值就是其未来现金流的折现，但他认为，在分辨一家公司将来的业绩会好到什么程度方面，没有人能高于一般水平。法马框架的言外之意是：你也可以假定所有公司的股本回报率都是相同的。如果所有公司的股本回报率都一样，那么，账面市值比就可以告诉你了解公司价值所需的一切。但对格雷厄姆价值投资者来说，保守估计公司未来的股本回报率是没有根据的，这种认识实在荒谬。

格雷厄姆价值投资者会花费大量的时间来考虑股本回报率和资本回报率的问题。这些概念使他们得以将各家公司的赢利能力区分开来。而在法马和弗伦奇看来，价值完全由基于账面价值和价格筛选而出的数据库决定。在格雷厄姆价值投资者看来，价值能够起到安全边际的作用，这个安全边际的建立，只能通过对照一系列的内在价值来衡量市场价格的高低，而内在价值的确立则要凭借对未来现金流量的保守估计。

借用比喻就可以更简单地看清它们之间的差异。假设你想组建一支篮球队（我们姑且称之为A队）。法马和弗伦奇的方法是在镇上招募100名身材最高的男性。该球队的成员应该比普通人打得更好，因为身高和打篮球的能力之间存在相关性。同样的道理，价值被低估的公司（例如，真正的价值投资）和账面市值比较低的公司之间也存在统计学上的相关性。

组建球队的另一种方法是举行选拔赛，以评价每个人的篮球技术（和本杰明·格雷厄姆式的投资者评估公司的方式一样）。采用这种选拔方式的人会挑选前15名的选手组成B

队。即使A队优于平均水平，B队的成绩也可能比A队更好。同样，搭配适当的价值投资组合，其回报很可能（大幅）高于由几百只账面市值比高的股票组成的投资组合。

总而言之，因子投资方法在本质上就是对指数投资的小小改进（或许是增强）。相比之下，格雷厄姆价值投资者的目标则是实现远高于1%~2%溢价的回报率。换句话说，因子投资正试图通过微调指数基金的办法，抹掉统计上的那点儿轻微优势，而格雷厄姆价值投资者寻求的是更大的回报。对每种方法是否成功的考验不在于"知"，而在于"行"。在其著名的演讲《格雷厄姆和多兹维尔村的超级投资者》(The Superinvestors of Graham and Doddsville)[1]一书中，沃伦·巴菲特对格雷厄姆价值投资者以往所取得的优异成绩进行了点评，投资者若能仔细思考这些成绩的取得，定能受益匪浅。

---

[1] 格雷厄姆和多兹维尔是《证券分析》(Security Analysis)的作者，多兹维尔即戴维·多德。1984年，在哥伦比亚大学举行的庆祝《证券分析》出版50周年的大会上，巴菲特发表了题为"格雷厄姆和多兹维尔村的超级投资者"的演讲，回顾了50年来格雷厄姆的追随者们采用价值投资策略持续跑赢大盘的事实，总结归纳出价值投资策略的精髓，在投资界影响很大。"格雷厄姆和多兹维尔村"是他想象的一个村子，指聪明投资者的群体。——译者注

这也许就是许多基金尽其所能地鼓励混淆视听的行为，不让人们弄清楚格雷厄姆价值投资和因子投资之间差异的原因了。他们想要的"价值"基金实为因子投资基金，却要给它戴上价值投资体系的光环，因为这个体系经由源于本杰明·格雷厄姆学派的"超级投资者"的实践，已经取得了成功。

不无遗憾的是，似乎很多投资者认定，沃伦·巴菲特和其他格雷厄姆价值投资者现在的做法，就是法马在讨论价值因子时谈及的一种形式。如果更多的投资者确实读过本杰明·格雷厄姆的《聪明的投资者》和其他论述格雷厄姆价值投资的书，他们就会意识到这两种投资方法有着根本上的区别。

词汇表

绝对财务业绩（Absolute Financial Performance）：对照某种基准衡量财务回报，比如以美国长期国库券为基准。

主动投资者（Active Investor）：基于研究、分析和自己的推断挑选股票和其他证券，而非购买指数基金和交易所交易基金的投资者。

阿尔法系数（Alpha）：用于参照某种基准（比如某种指数）来衡量投资业绩。

套利（Arbitrage）：利用两个或更多市场之间的价格差获利。

资产（Asset）：有价值的东西。

资产类别（Asset Class）：市场上特征相似的一组资产（如股票、债券和现金等价物）。

资产负债表（Balance Sheet）：列明一家公司的资产、负债和股东权益的财务报告。

伯克希尔体系（Berkshire System）：一种投资体系，可以使芒格和巴菲特为补充格雷厄姆价值投资而选的可变因素生效。

贝塔系数（Beta）：用于衡量与市场有关的资产波动性。

账面价值（Book Value）：总资产值减去总负债值。

账面市值比（Book-to-Market）：公司的账面价值与其股价之比；账面价值（股东权益）与市场价值（总市值）之比。

自下而上分析法（Bottom-Up）：采集企业基本面和微观数据，并逐渐积累，以尽量理解更多的宏观现象。

雪茄屁股股票（Cigar-butt Stock）：以低价买进的股票，价格低廉到出售时你还能有不错的利润可赚，即使该企业的长期绩效很差。雪茄屁股的比喻源于这样一个说法：该股票可以买，因为你还能嘬上几口，所以，它的价值就在于此。

能力圈（Circle of Competence）：指能力所及的周界，在此区域内，一个人拥有胜过市场的知识和专长。

消费者剩余（Consumer Surplus）：消费者愿意支付的价格与实际支付的价格之间的差额。

逆向投资（Contrarian Investing）：投资大多数投资者认为不会增值的公司（即不随大流）。

相关性（Correlation）：表示资产价格的变动彼此相关。

折旧（Depreciation）：将长期资产的成本在其整个使用期限内加以分摊的会计记录。

衍生品（Derivatives）：从其他证券中衍生出价值的证券。

折现现金流（Discounted Cash Flow，DCF）：以适当的利率折现投资的现金流量净值。

分散投资（Diversification）：购买若干毫不相关的资产。

利空趋势（Downside）：潜在的损失。

每股收益（Earnings Per Share，EPS）：用于衡量赢利能力，计算方法为：净收入除以股票数。

息税前利润（EBIT）：扣除利息和税之前的收益。

税息折旧及摊销前利润（EBITDA）：未计利息、税、折旧和摊销前的利润。芒格提议在看到这个术语时，用"狗屎收益"这几个字取代它。

规模经济（Economies of Scale）：平均成本随着产量的增加而降低。

有效市场假说（Efficient Market Hypothesis）：在任何给定的时间内，证券价格完全反映了所有可得信息（存在弱式、半强式和强式有效市场假说三种形式）。

股权（Equity）：公司所有权的份额。

外推法（Extrapolation）：基于过去和当前数据所呈现的趋势，对未来做出预测。

因子投资（Factor Investing）：法马和弗伦奇开发的投资方法，可识别用于提高指数基金价值的因子。

集中投资（Focus Investing）：按芒格的说法，它"指的是持有10种股票，而不是100种或400种"的投资方法。

自由现金流量（Free Cash Flow）：扣除开支、借款本息、资本支出和分红之后的可用现金。

基本面分析（Fundamental Analysis）：对公司在年报、

财报和提交美国证券交易委员会存档文件中报告的业绩数据进行的分析。

通用会计准则（GAAP）：普遍被接受的会计准则。

格雷厄姆价值投资（Graham Value Investing）：基于格雷厄姆创建的四项基本原则的一种价值投资。

成长股（Growth Stock）：按照霍华德·马克斯的说法，成长股是投资者相信未来会迅速大幅升值的股票（甚至包括那些当前价值相对低于当前价格的股票）。

对冲（Hedge）：购买一种资产，意在产生与另一种资产相反的回报，以抵消价格变动的影响。

直观判断法（Heuristics）：一种思维捷径，可以让人快速地解决问题和做出推断（心智经验法则）。

要狭问题（Holdup Problem）：指唯一供应商（或买方）利用独家的身份提高价格，从买方（或卖方）身上榨取利润。

损益表（Income Statement）：确定公司盈亏的财务报表。

指数投资者（Index Investor）：投资指数基金和交易所交易基金的多元化投资组合的人。

内在价值（Intrinsic Value）：未来现金流的现值。

投资（Investment）：为获得回报而购买资产。

投资者（Investor）：试图了解资产潜在价值的人。

格栅模型（Latticework of Models）：将多学科中的许多重要模型，集合成一个类似格栅的相互关联的体系，以便做出更好的决策。

杠杆（Leverage）：作为公司总资金一部分的债务或借款。

清算价值（Liquidation Value）：在解散公司、出售资产、偿还债务并将一切剩余分配给股东之后，可获得的现金和资产数。

流动性（Liquidity）：衡量出售资产换取现金的难易程度的标准。

多头（Long）：基于涨价预期而买进。

宏观经济学（Macroeconomics）：针对经济体整体行为的研究。

安全边际（Margin of Safety）：内在价值和当前市场价格之间的差异。

心智模式（Mental Models）：人际互动现象的有效认知表征。

微观经济学（Microeconomics）：针对构成经济体的单个元素的研究。

护城河（Moat）：市场准入障碍，企业可以利用它持续创造价值。

顺势投资（Momentum Investing）：基于以下假设的投资：某可变因素（如价格）的已被感知到的趋势，更有可能持续，而不是改变方向。

市场先生（Mr. Market）：对市场在短期内不可预知的两极性的比喻；在短期内，有时它会以低廉的价格出售资产，有时支付的价格又会超过资产价值。

双净值股票（Net-Net Stock）：在清算价值的基础上打折后交易的股票。①

净现值（Net Present Value）："投资现金流的现值"减去

---

① 双净值（Net-Net）是本杰明·格雷厄姆开发的一种价值投资法，指调整后的流动资产在扣除总负债之后得到的双净值。因为会计在计算过程中，会两次用到"净现值"的概念，故得此名。——译者注

"投资成本"的差。

网络效应（Network Effects）：需求侧规模经济。

机会成本（Opportunity Cost）：已经放弃的其他选项的价值。

所有者盈余（Owner's Earnings）：净收入＋折旧＋损耗＋摊销－资本支出－新增营运资金。

被动投资者（Passive Investor）：投资指数基金和交易所交易基金多样性投资组合的人。

现值（Present Value）：今日现金数额，价值上等于日后收到的款项。

非公开市场价值（Private Market Value）：消息灵通和有经验的实业家在私下购买企业时愿意支付的价格。

生产者剩余（Producer Surplus）：商品或服务的生产者获得的购买款，与提供该商品或服务的成本之间的差额。

实际回报（Real Return）：在考虑通货膨胀影响调整后的投资回报。

相对回报（Relative Return）：在一段时间内与基准相比较的财务回报。

资本回报率（Return on Capital）：用于衡量一项投资中已投入资本的回报率。

股本回报率（Return on Equity）：净收入占股东权益的百分比。

均值回归（Reversion to the Mean）：指对随机变量后来的观测要比对当前的观测更接近其均值的倾向。

风险（Risk）：遭受损失的可能性。

证券（Security）：由非上市公司或政府发行的债券或股票证券。

卖空（Short）：基于价格将要下跌的预测，将借入证券卖掉的做法。

投机者（Speculator）：试图通过猜测他人未来的行为而推测资产价格的人。

技术分析（Technical Analysis）：利用市场生成的数据来分析价格，目的是确定市场走向，这些数据包括市盈率、波动、价格历史、价格型态和交易量。

自上而下分析法（Top-down）：选取重点数据，设法利用这些数据更多地了解微观的基本面，并选择特定的投资。

美国国库券（Treasury Bills）：美国政府以面值的折扣价出售为期 1 年或少于 1 年的公债。

美国长期国债（Treasury Bonds）：美国政府发行的 10 年或 10 年以上期公债，按本金支付利息。

美国中期公债（Treasury Notes）：美国政府发行的 1 至 10 年期公债，按本金支付利息。

国债收益率（Treasury Yield）：投资美国政府债券的回报率。

利好趋势（Upside）：潜在的收益。

价值（Value）：利用基本面分析计算某种东西的价值。

价值投资（Value Investing）：获得的比付出的多（所有聪明投资的共同点）。

价值股票（Value Stock）：该术语对于不同投资风格的的人，有不同的用途；因子投资者和格雷厄姆价值投资者对其有不同的定义。

波动性（Volatility）：一段时间内的市场价格等可变因素的涨落起伏。

普世智慧（Worldly Wisdom）：日常投资决策所用的各大学科的重要概念之集成。

收益（Yield）：投资或在特定期间赚取的收入。